El Código de la ABUNDANCIA DIVINA

2ª edición: mayo 2024

Título original: IT'S NOT YOUR MONEY
Traducido del inglés por Antonio Gómez Molero
Diseño de portada: Editorial Sirio, S.A.
Maquetación: Toñi F. Castellón

© de la edición original
2019 Tosha Silver
Publicado originalmente en 2019 por Hay House Inc.

© de la foto de la autora
Monique Feil

© de la presente edición
EDITORIAL SIRIO, S.A.
C/ Rosa de los Vientos, 64
Pol. Ind. El Viso
29006-Málaga
España

www.editorialsirio.com
sirio@editorialsirio.com

I.S.B.N.: 978-84-18531-93-4
Depósito Legal: MA-799-2022

Impreso en Imagraf Impresores, S. A.
c/ Nabucco, 14 D - Pol. Alameda
29006 - Málaga

Impreso en España

Puedes seguirnos en Facebook, Twitter, YouTube e Instagram.

El papel utilizado para la impresión de este libro está **libre de cloro** elemental (ECF) y su procedencia está certificada por una entidad independiente, no gubernamental, que promueve la sostenibilidad de los bosques.

TOSHA SILVER

El Código de la ABUNDANCIA DIVINA

Vivir plenamente
no es una cuestión de
DINERO

EDITORIAL SIRIO

A Maha Kali

ÍNDICE

*Lo gracioso es que
cuando dejas las riendas
en manos de lo Divino,
a menudo los viejos deseos
comienzan a aflorar
y de alguna manera
se cumplen
(como un regalo del Amor Mismo),
solo que ahora
ya no eres
su esclavo.*

—Tosha Silver, «Unshackled» [Sin cadenas]
Make Me Your Own [Hazme tuya]

Introducción

Papá, te lo DIJE. *Si Dios no juega, me aburro.*
—Oído a una niña en la cola de Kohl's*

Si hace unos años alguien me hubiera dicho que iba a escribir un libro espiritual sobre el dinero, no lo habría creído. Pero cuando miro hacia atrás en mi vida, tiene mucho sentido. Todos mis otros libros se han centrado en las formas prácticas de rendirse y dejarse guiar por la Divinidad, y el dinero podría ser el tema más difícil desde esta perspectiva. Muchas personas con mentalidad espiritual incluyen a lo Divino en casi todo, excepto en el dinero.

Yo era la hija mediana de una familia judía de clase media, y mis padres se esforzaron mucho para que a mis dos hermanos y a mí no nos faltara nada. Siempre les estaré agradecida. Sin embargo, desde muy temprana edad tuve una sola obsesión: la catástrofe inminente. A pesar de la aparente seguridad que disfrutábamos, estaba

---

* N. del T.: Cadena minorista de grandes almacenes estadounidense.

convencida de que la catástrofe, de algún modo impreciso e irresoluble, nos aguardaba a la vuelta de la esquina.

Tal vez este miedo incesante provenía de haber nacido a un par de generaciones del Holocausto con parientes lejanos que habían perecido allí. De niña había escuchado historias sobre pogromos, campos de concentración y gente que lo perdió todo. Quizás el terror estaba integrado en mi ADN.

O tal vez fuera el legado de vidas anteriores repletas de sufrimiento, pérdida y aflicción. Lo único que sé es que, pese a haber crecido en una casa tranquila de estilo rústico, con un sauce llorón en el patio trasero que quería con locura, sentía ansiedad a todas horas. Vivía en una espera permanente de que ese indefinible otro zapato cayera, y esto se manifestaba de maneras absurdas y dramáticas.

Cuando yo tenía seis años, mi madre salió de casa una tarde lluviosa sin decir nada, lo cual era raro. A los veinte minutos, eché a correr por la calle, golpeando puertas y gritando frenéticamente su nombre, segura de que la habían secuestrado. Cuando la encontré sentada tranquilamente en la cocina de una vecina, bebiendo café y tomando prestados unos huevos, me derrumbé en su regazo con lágrimas de alivio. Ella lanzó a la vecina una mirada irónica en plan: «Sí, esta es mi querida e hipersensible hija».

Cuando mis padres salían de vez en cuando, mi hermano mayor disfrutaba tratando de ganarle a Patti, nuestra niñera, una partida de Scrabble. Yo, en cambio, me quedaba sentada con la cara pegada a la fría ventana del dormitorio, mirando la calle oscura, esperando hora tras hora ver aparecer las luces de su Pontiac, que regresaba. Cuando por fin oía la llave en la puerta, la alegría me inundaba, como si hubiera aparecido el sol a medianoche. Sentía que, una noche más, se había evitado la tragedia. Pero ¿quién sabía hasta cuándo?

Sí, es verdad, tenía una imaginación febril con una sensación incesante de peligro, aunque aprendí pronto a parecer lo más valiente y normal posible. Una vez que me gradué en la universidad, esos miedos a la supervivencia me invadieron de inmediato, a pesar de las oportunidades de trabajo que se me presentaban. Empecé a dar clases de inglés a tiempo parcial en un colegio comunitario y con el tiempo tuve un negocio paralelo de terapia corporal y asesoramiento intuitivo.

El miedo a «no tener suficiente» era un nubarrón constante. Si un cliente cancelaba, me entraba el pánico. Aunque cubría las facturas mes a mes, no dejaba de preocuparme por lo que haría si un día *no pudiera*. Esto me llevó a un exceso de trabajo y a un agotamiento tal que, en la treintena, estuve en cama durante tres años con insuficiencia suprarrenal, algo de lo que escribí en mis dos primeros libros.

En los años noventa, cuando estaba recuperando la salud, empezaban a estar en auge las ideas de la *New Age* sobre la manifestación y la ley de la atracción. Muchos de mis clientes se enamoraron de la idea de que *cualquier* deseo podía ser «manifestado», es decir, «atraído magnéticamente» mediante visualizaciones y pensamientos positivos. Colocaban tableros de visión con imágenes de todo lo que querían, desde vacaciones en Bali hasta *lofts* para artistas en Manhattan. Pero también era consciente de que muchos vivían con el temor de que cualquier pensamiento negativo pudiera impedirles alcanzar sus sueños. Algunos incluso se culpaban furiosamente a sí mismos cuando no se cumplían todos y cada uno de sus deseos, asumiendo que seguramente los habían «bloqueado».

Sin embargo, desde el principio, esta Gran Persecución de los Deseos, una especie de Iditarod* metafísico, me dejó con una sensación de vacío y desconcierto. Al haber crecido en medio de una relativa comodidad material, pero asediada constantemente por el temor, no me hacía ilusiones de que fijarme en esa lista de deseos pudiera traerme mucha paz. Ya había visto a algunos de mis propios clientes crear fama y fortuna, para después estrellarse. La gente encontraba su media naranja y luego la perdía con la misma rapidez. Un deseo doloroso solo parecía engendrar otro.

Al mismo tiempo, anhelaba profundizar en mis propios estudios espirituales de filosofía yóguica. Había conocido el yoga en la universidad, y me pareció que servía para mucho más que para reducir el estrés y mejorar el trasero. (Y no es que esto tenga nada de malo, como diría Seinfeld). Sabía que la vida debía de tener un sentido más profundo y sutil que nacer, ir detrás de las cosas y morir. Ansiaba encontrar una sensación de seguridad y plenitud, la sensación de que, a pesar de los altibajos, los choques y los desastres, de algún modo se podía prosperar al margen del inevitable fluir de la vida.

---

* N. del T.: Famosa carrera de trineos con perros que se celebra anualmente en Alaska.

Así que empecé a estudiar los célebres textos antiguos de la India, como el *Bhagavad Gita* y los *Yoga Sutras* de Patanjali. Encontré un consuelo indescriptible en sus ideas, como el desapego (*vairagya*), la no posesividad (*aparigraha*) y la entrega (*ishvara pranidhana*). Eran las bebidas deliciosas y calmantes de las que mi mente febril había estado sedienta desde siempre.

También descubrí las obras de Florence Scovel Shinn, una autora metafísica del siglo pasado. Era una neoyorquina sin pelos en la lengua conocida principalmente por su obra *El juego de la vida y cómo jugarlo*. Gracias a Flo, «me enteré» de que Dios es la Fuente de todo. Y punto. Fin. Vi que se podía invocar a esta Fuente en todas las situaciones, por imposibles que parecieran. La comprensión de Florence del Orden Divino que un plan coherente subyace incluso en los mayores desafíos comenzó a alimentar mi hambrienta psique. Esto, combinado con mis estudios de los textos yóguicos, hizo que, de la niebla cegadora de mis miedos, comenzara a emerger un nuevo camino por seguir.

Fue como si Dios se echara a reír: «Sabes, cariño, estás aquí para aprender a *servirme*, no para dar una orden tras otra. Así que deja que Yo me encargue. Dejarás de vivir asustada y recordarás por qué naciste. ¡Todas tus necesidades serán satisfechas de una forma que no puedes ni imaginar!».

Además, ¡mi propio ego nunca logró manifestar gran cosa por más que lo intentara! Y aunque sabía que la ley de la atracción tenía algo de verdad (desde luego, nuestros pensamientos crean *en parte* nuestra realidad), comprendí que otras leyes también operaban inexorablemente. De los textos yóguicos, me atrajo especialmente la ley del *prarabdha* karma, la idea de que en cada vida, el alma nace con un plan *determinado*.

Puede que *no* todos los deseos estén destinados a cumplirse, por muchos tableros de visión que hagas.

Empecé a darme cuenta de que la paz que siempre había anhelado vendría de aprender a vivir en armonía consciente con esta Fuerza. Ansiaba vehementemente aprender a dejar que *Ella* me utilizara, en lugar de intentar utilizarla para conseguir mis deseos. Sentía que detrás de esa búsqueda continua de hacer realidad los deseos había una obsesión enfermiza por controlarlo todo. Mucha gente pensaba: «Si estoy en guardia cada bendito segundo, tal vez consiga por fin, por fin, lo que quiero». Pero yo estaba empezando a ver que el ego podía ser un pozo sin fondo de deseos, y que no todos ellos son para el mayor bien del alma. A través de la visión de Florence Scovel Shinn sobre la Fuente Divina —la idea de que mi protección y mi seguridad no dependen de ninguna persona, lugar o cosa, sino del Amor mismo— mi vida empezó a cambiar aún más. Aprendí a renunciar a los intereses del ego y a dejarme llevar, a veces de forma muy, muy dolorosa. Pero al hacerlo, comenzó a surgir un nuevo sentido de sagrada abundancia. No tenía *nada* que ver con manifestar millones y sí con saber cómo abrirse, dar, recibir y servir al Fluir.

Creo que esto es algo que cualquiera puede aprender, independientemente de la edad, la raza, la nacionalidad, el sexo, la orientación sexual o cualquier otro factor. Porque, en el sentido más práctico, Dios lo trasciende todo.

Ahora bien, no estoy ignorando en absoluto los fanatismos, muy reales, que afligen e infectan a esta sociedad, a menudo de las formas más brutales e injustas. Sin embargo, al invitar y encarnar esta Fuente, trasciendes tu cuerpo y tus circunstancias, tanto actuales como temporales, de encarnación. Te abres a *cualquier* muestra de generosidad divina que vaya dirigida a ti. Este nuevo camino se puede aprender con voluntad, curiosidad, o incluso simplemente llegando a un momento de cansancio, en el que ya no puedes más.

El curso original

La idea de este libro surgió a partir de una clase *online* que impartí hace un par de años, una clase que llevaban mucho tiempo pidiéndome. Mucha gente había leído mis otros libros o había participado en el foro en línea «Outrageous Openness»* que dirijo, donde se practica el arte de dejarse llevar por lo Divino. En un mundo que cada día parece más inestable, buscaban una forma de experimentar, paso a paso, la sensación de que hay suficiente. Sobre todo, querían dejar de angustiarse por conseguir la abundancia. No deja de ser irónico que, gracias al exquisito sentido del humor de Dios, acudieran a la mismísima y consumada Reina de la Catástrofe en busca de ayuda.

---

* N. del T.: Basado en el libro del mismo título (*Ábrete a lo inesperado* en la versión en castellano).

Cientos de personas se inscribieron en el viaje inicial por Internet y zarpamos juntos. El entusiasmo de cada semana era eléctrico. Cuanto más tiempo pasaba, más ilusionados estábamos. (Por cierto, todas las cartas y la mayoría de las historias que aparecen en este libro son de participantes de ese curso, aunque algunas están modificadas para mantener el anonimato). Vi cómo cualquier persona, independientemente de su situación, que aplicara sinceramente los principios de la Fuente Divina podía conseguir una nueva relación con el dinero *que no requería manifestar absolutamente nada*. Cuando el viaje terminó, sentí un empujón increíblemente poderoso para escribir este libro. Su mensaje es lo contrario de «aprenderás a cambiar o mejorar». Vas a dejar que sea el Amor *Mismo* el que te traiga cambios que quizá ni se te ocurra cómo llevar a cabo. No se trata de «¡puedo hacerlo!», sino de «puede que yo, el ego, no tenga ni la más remota idea, ¡pero Dios seguro que sí!». Aprenderás a entregar en ofrenda todos tus problemas financieros al Amor, y no solo como un árido ejercicio intelectual. Por desgracia, la fijación con la manifestación ha llevado a muchas personas a pensar en Dios únicamente para su propio provecho. Pero, afortunadamente, Ella es mucho más que un Mayorista Cósmico.

No se trata de cocrear nada, ni de hacer un tablero de visión, ni de escribirte un cheque falso por un millón de euros del Banco de la Divinidad. En lugar de eso, empezarás a devolver tu dinero, tus problemas, tus deseos, todo al Amor, y te liberarás de la cadena que te hace aferrarte y forzar las cosas. Con el tiempo, llegarás a entender que, desde luego, nada de eso es *tuyo*. Te sentirás parte de algo más grande a lo que puedes servir y que desea servirte a *ti*.

En resumen, te convertirás en un conducto para el Fluir Divino. Dado que no habrá ninguna persona, lugar o cosa que confundas con tu salvación, te abrirás a *cómo* Dios quiere ayudarte, a menudo de formas que nunca hubieras imaginado. Igualmente, te abrirás a cómo el Espíritu quiere *utilizarte* para dar. Todas estas son habilidades que se pueden aprender.

Ahora bien, puede que estés leyendo esto y pensando: «Vamos a ver... Tengo treinta y ocho euros en el banco y he tenido que pedir prestado el dinero para comprar este maldito libro, así que ¿cómo diablos va a ocurrir todo esto?». (O también puede que seas alguien que tiene mucho dinero, pero que siempre teme perderlo).

Sin embargo, *cualquiera* que sea tu situación económica, da igual, porque si te comprometes de todo corazón con este proceso, entrarás en el Fluir Divino, con la idea de que *solo* Dios es el dueño y el origen de todo.

Y te prometo que, entonces, *todo cambiará*.

No es tu dinero

Cuando digo: «No es tu dinero», lo digo completamente en serio.

La verdad es que no es tuyo.

Y seguro que tampoco es mío. Todo es de Dios.

Quizá los más cínicos piensen (como me dijo una vez un locutor de radio): «¡Eso no es posible! ¿Qué te has fumado? Si mañana alguien te robara el coche, se llevaría *tu* coche. Y tú serías la que tendría que lidiar con el asunto». Lo cual es cierto. Sí, por supuesto, *a cierto nivel* se trata de tu coche, tu dinero, todo eso. *Pero a un nivel más profundo no lo es.* Esa es la paradoja.

Es muy posible que, dentro de poco, lo veas y lo creas por ti mismo.

Porque si algo —ya sea el destino, la desesperación o tu mejor amigo— te ha traído hasta aquí, quizá estés preparado para despertar de un cierto sonambulismo inducido por la cultura. Puede que tu despertador interior haya sonado diciendo: «Es hora de saber que el Amor es el proveedor de todas las cosas».

Tal vez estés preparado, por fin, para *ser* la abundancia en lugar de *perseguirla*.

Te guiaré a través de pasos específicos para ayudarte a realizar este cambio. El curso original duraba ocho semanas, y te sugiero encarecidamente que sigas el mismo camino y dediques la misma cantidad de tiempo. Debido a que las creencias limitantes que la mayoría de la gente tiene pueden estar tan arraigadas, ocho semanas serán lo bastante largas para que el cerebro cambie, pero lo suficientemente cortas para que no pierdas el impulso.

No lo olvides: poco a poco, a medida que sirvas al Amor, empezarás a sentir que cuidan de ti. Se desarrollará la confianza de que toda verdadera necesidad será satisfecha.

Para mí —y para muchos de quienes han seguido estos principios— descubrir que este miedo podía superarse fue como obtener la libertad condicional anticipada de una sentencia de cadena perpetua. Como no es *tu* dinero, sino el de Dios, no tienes que estresarte, elaborar estrategias, conspirar o manifestar para que todo suceda.

Todo lo que el ego consigue puede perderse, pero cuando eres parte del Fluir, Dios puede usar *cualquier cosa* y a *cualquier persona* que desee para proveer. Las acciones y conexiones correctas surgen de cualquier parte. Algo más grande que el ego puede finalmente tomar las riendas, y si tu alma necesita algo, *llegará*.

El poder de la gracia recibida constantemente, la alegría de recibir, la aparición de una sincronicidad tras otra como olas que se estrellan en la orilla sagrada de tu vida, esa es la *verdadera abundancia*.

Unas palabras acerca de la terminología

Antes de entrar en materia, hay que abordar dos cuestiones.

La primera: ¿Qué pasa con Dios?

He descubierto que muchas personas necesitan permiso para reescribir el viejo lenguaje con el fin de que les resulte atractivo. Para algunos, la palabra *Dios* conlleva tal carga emocional e histórica que solo suscita vergüenza, miedo y culpa. Una mujer me contó que le preocupaba la idea de un Plan Divino, ya que, al haber sido educada estrictamente en la fe católica en los años sesenta, para ella *plan* significaba sufrimiento. Se preguntaba si por *Divino* me refería realmente a la *Bondad Infinita* en lugar de al Castigador Cósmico.

Sí, en efecto. Le sugerí que usara el término de su elección. Podía ser *Amor*, *Eternidad* o tal vez *Fluir Divino*. O incluso uno de mis favoritos, el sánscrito *Shakti*, la Fuerza Suprema que anima toda la creación. Para mí, no importa. El nombre es un soporte para lo que, al final, es inabarcable e innombrable.

Todo el mundo es diferente. Si tienes afinidad con una deidad concreta, puedes utilizar su nombre. Por ejemplo, algunos hacen ofrendas a Jesús, Buda o Lakshmi, o a la brillante Devi* de la abundancia de la India, mientras que otros ven a Dios como una luz sin forma. Algunos prefieren *Diosa* para escapar del lazo de dos mil años del lenguaje patriarcal, mientras que otros se identifican con la idea del Amado, a la manera de poetas sufíes como Rumi.

Algunas personas, entre las que me incluyo, consideran que palabras como *Dios*, *Señor*, *Divino* o *Espíritu* son protectoras y reconfortantes. Sin embargo, para mí carecen de género, por lo que intercambio Él y *Ella* a menudo. Utilizaré sobre todo estas palabras, pero también añadiré otras. Por favor, haz lo que necesites para que este lenguaje te resulte favorable, personal y acogedor.

Elegir palabras que resuenen también puede ayudar si tienes curiosidad espiritual, pero eres reacio a la religión convencional. No te preocupes, aún puedes aprender a confiar en el Fluir. Tengo una amiga que practica sinceramente las ideas de la ofrenda, la entrega y la apertura, pero se considera una agnóstica convencida. Sin embargo,

---

* N. del T.: Término sánscrito que significa 'diosa' o 'el aspecto femenino de la divinidad'.

se mueve con fe, remitiéndose a algo más allá del ego. A menudo, se refiere a esto como «el camino», que es como se lo llama en el *Tao Te Ching*.

Un instructor de surf me dijo una vez en Ocean Beach: «Escúchate por dentro, inclínate ante la Fuerza y cabalga sobre ella hasta donde te permita llegar. Ningún ego puede imponerse al mar. Los que lo intentan acaban estrellándose y quemándose. Es inevitable».

Esta ruta de la ofrenda es exactamente así. No se trata de pasividad ni de debilidad, sino de honrar este poder primigenio.

Para mí, lo Divino es tanto *interno* como *externo*. Es Amor, y es *Todo*, y ciertamente no es un Thor malhumorado y sentencioso en el cielo que lanza rayos y monta rabietas. Este camino consiste en invocar a tu propio Gran Ser interior para que tome el timón. ¡Qué pesadilla si Dios fuera solo una figura de autoridad externa! Los poderosos cambios que surgen inevitablemente provienen de invitar a una intimidad cada vez más profunda con este Amor.

En su hermoso libro *Morir para ser yo*, Anita Moorjani describió la toma de conciencia que surgió de su experiencia cercana a la muerte. Dijo: «Tomé conciencia de que no hay una creación externa separada de mí, porque la palabra *externa* sugiere separación y dualidad [...] Aunque he estado usando las palabras *energía universal*, puedo decir fácilmente *chi*, *prana* o *ki*. Estas palabras significan 'energía de la fuerza vital' [...] En pocas palabras, es la Fuente de la vida, y corre a través de todos los seres vivos. De hecho, llena todo el universo y es inseparable de él».

Estoy totalmente de acuerdo.

La segunda: ¿y qué pasa con todas estas oraciones?

Mi último libro, *Change Me Prayers* [Oraciones de cambio], estaba lleno de peticiones de transformación. Y al igual que con la palabra *Dios*, ¡todo el mundo tenía una opinión al respecto! A algunos les encantaba la idea de que el Amor nos cambiara para liberarnos de falsas identificaciones e inhibiciones, mientras que a otros no les gustaba lo más mínimo. De vez en cuando, un lector me increpaba: «No *quiero* que me cambien. He tardado mucho en darme cuenta de que estoy bien tal y como soy». Así que permíteme explicar también esta idea.

El propósito de las oraciones de este libro es ayudarte a salir de las limitaciones del ego. En lugar de convertirte en algo que *no* eres, te permiten ser cada vez *más* tu auténtico Yo. A menudo, invitar a la Divinidad a tomar el control te brinda una libertad y una espontaneidad que *ningún esfuerzo es capaz de lograr*. Tu propio Ser interior instintivo muestra las acciones correctas en el momento adecuado y actúa a través de ti. Solo está esperando a ser invitado.

Empecé a utilizar las *oraciones de cambio* cuando mi querida madre, Debbie, estaba en sus últimas semanas en la Tierra. Desesperada por el dolor y deseando aprovechar cada segundo, empecé a rezar para poder quedarme en la habitación con su cuerpo esquelético y darle lo que necesitaba: «¡Transfórmame, Dios, en alguien que sea capaz de estar presente y de permanecer aquí con ella!». Para mi sorpresa, esto funcionó como magia. Pronto descubrí que estas oraciones eran poderosas *prácticamente para todo*.

Dicho esto, por favor, juega con el lenguaje para adaptarlo a tu temperamento. Si la expresión *transfórmame* te resulta molesta, sustitúyela por *ayúdame*, *permíteme* o *déjame*. O cualquier otra. Es decir, a mí personalmente me emociona la idea de que el Amor Divino me transforme para dejar que Su plan —y no el del ego— se imponga. Pero si a *ti* no, habrá otras palabras que te lleguen. Lo que importa es hacer la invitación de una manera que sea personal, auténtica e íntima. El lenguaje que utilices es secundario.

Un alivio total

Cuando ya no estás apegado a nada has hecho tu parte.
–Nisargadatta Maharaj , *Yo soy eso*

En tu primera semana, lee este capítulo y considera en qué parte de tu vida podrías aplicar sus ideas principales. La comprensión de estos conceptos te preparará para la segunda semana, en la que empezarás a dar los cinco pasos activos para ser Abundancia.

LA ORACIÓN DE CAMBIO DE LA ABUNDANCIA PLENA

El primer concepto será tu arma secreta definitiva. Hace un llamamiento fiable al poder transformador del Amor y eleva la conciencia, sin importar *cuál* sea tu estado actual. Invoca la Abundancia en sí misma —incluidas la gratitud, la prosperidad y la libertad— pero sirve a un propósito aún más profundo. Le *enseña a todo tu Ser que tú también mereces recibir*. En muchos sentidos, es un canto al merecimiento.

> *Amado Divino, permíteme dar con total facilidad y abundancia, sabiendo que Tú eres la Fuente ilimitada de todo.*
>
> *Permíteme ser un cauce abierto que deja pasar fácilmente Tu prosperidad.*
>
> *Déjame confiar en que todas mis necesidades son siempre satisfechas de formas sorprendentes y que es seguro dar libremente según mi corazón me guíe.*
>
> *Y, del mismo modo, permíteme sentirme totalmente abierto a recibir.*
>
> *Conocer mi propio valor, mi belleza y mi valía sin duda alguna.*
>
> *Permitir a los demás el supremo placer de darme.*
>
> *Hazme sentir digno de recibir en todas las formas posibles.*

> *Transfórmame en alguien que pueda amarse, perdonarse y aceptarse plenamente a sí mismo.*
> *Para que pueda llevar Tu Luz sin restricciones.*
> *Deja que todo lo que necesita salir de mi vida se vaya.*
> *Deja que todo lo que tiene que venir venga.*
> *Soy totalmente Tuyo.*
> *Tú eres yo, yo soy Tú, somos Uno.*
> *Todo está bien.*

Como práctica, te pido que leas esta oración todos los días durante las ocho semanas que dura este proceso. Es una infusión fortalecedora que necesita tiempo para asentarse en tu interior.

Parece que sabe cómo sanar y fortalecer varias partes de tu sistema espiritual, sin importar quién seas. Por ejemplo, mientras que algunas personas —especialmente las mujeres— se sienten cómodas dando, no tienen ni idea de cómo recibir. Algunos dan —incluso *dan en exceso*— y luego sienten una furia que los quema por dentro por no *recibir* nada a cambio. Esta oración inculca la intención de que Tú. También. Puedes. Recibir.

Para otras personas, la oración suaviza los resentimientos del pasado o libera la amargura sufrida. Puede ayudar a aliviar la vergüenza por los errores financieros. A quienes tienen miedo de dar, puede aflojarles las manos para que dejen de agarrar y para que puedan disolver creencias obsoletas y antiguos resentimientos.

Dije la oración transformadora de la abundancia plena todos los días, escrita en un trozo de papel que pegué en el espejo del baño. A lo largo del día, cada vez que me miraba, la decía en voz alta. A veces incluso la susurraba. Al final me la sabía de memoria. Pero puedo decir que, incluso después del primer día, sentí un cambio radical. Por fin pude respirar, como si la oración creara un espacio en mi pecho. A este cambio le sucedieron otros muchos de naturaleza económica.

Varias ideas básicas corren como un río a través de este libro. Se trata de la Fuente Divina, la Autoría, la Ofrenda y el *Prarabdha* Karma. Familiarizarse con ellas desde el principio hará que todo el proceso sea mucho más fácil.

RELAJARSE EN LA FUENTE DIVINA

La Fuente Divina es la idea de que ninguna persona, lugar o cosa es tu salvación, solo el Amor mismo. Comienzas a confiar en el almacén universal que es el fundamento de todo. Sientes el Uno que subyace a la ilusión de la multiplicidad en este mundo. Sabes que la puerta adecuada se abrirá en el momento adecuado y que las acciones surgirán espontáneamente *cuando las necesites*.

Permíteme contarte un par de historias que ilustran esto.

LIBERA A TU EX

Mi amiga Jane estaba llena de resentimiento constante por un acuerdo de divorcio que había obtenido hacía muchos años. Repetía los acontecimientos en su mente, y a menudo era incapaz de dormir, furiosa por no haber conseguido un acuerdo mejor. Pero su rabia perpetuaba un estado de victimización estancada y creaba a su alrededor un círculo de fuego que, de hecho, bloqueaba lo bueno.

Cuando empezó a utilizar la oración de la abundancia para reinstalar a Dios como su Fuente, con el tiempo y de forma gradual, llegó a sentir aceptación. (También tenía una tonelada de ira que liberar, pero hablaremos de eso en la quinta semana). *Se dio cuenta de que su ex no era su Fuente.* Dios *lo había usado* simplemente como un apoyo parcial, pero ahora podía usar cualquier cosa. Dejó de bloquear *todas las demás formas* en las que Dios podría querer bendecirla. Al cabo de unos meses, Jane —que es ingeniera mecánica— recibió inesperadamente una gran oferta de trabajo, mucho mejor de lo que jamás había imaginado.

MI BABA

He aquí otra forma de ver la Fuente Divina. Cuando era pequeña, mi abuela Baba venía dos veces al mes para llevarme a comer fuera. Provenía de la «vieja tierra», polaco-rusa, y algunas facetas de la vida de aquí nunca habían tenido sentido para ella.

Cada vez que llegábamos al enorme aparcamiento que había cerca del restaurante, Baba decía con total convicción: «Vale, tenemos que *guecogdar* que hemos *apagcado* al lado de ese bonito coche *vegde*, *queguida*. ¡¡¡*Paga* no *pegdegnos*!!!».

Y, sin embargo, después del almuerzo, *no había una sola vez* que no termináramos deambulando por las filas de coches totalmente aturdidas y desconcertadas, porque su punto de referencia se había movido. Al cabo de unas semanas, finalmente me di cuenta de que necesitábamos un nuevo sistema: «¡Mira, Baba, estamos en la segunda fila desde la entrada!».

Eso es lo que sucede cuando descubres la Fuente Divina. La mayoría de la gente encuentra su sentido de seguridad en cualquier ancla transitoria que esté cerca. Es como si dijeran: «Pues bien, este puesto de trabajo en concreto es toda mi Fuente. Si lo pierdo, nunca encontraré otro». O: «Esta pareja es quien me mantiene a flote. Si alguna vez me deja, me hundiré en la miseria».

Pero cuando haces de la Inteligencia Divina tu asidero, finalmente tienes una estrella fija que seguir. Ya no dices que tu solución es «esto» o «aquello». Dios sabe lo que se necesita.

Te basas en la idea de que *la solución perfecta ya está elegida. Seré guiado a ella en el momento y la forma adecuados. Si algo tiene que terminar, aparecerá una nueva senda, y la seguiré con gusto.*

DEJARSE LLEVAR POR LA FUENTE

Si consideras lo Divino como tu máxima protección, la Fuente de tu trabajo, de tus finanzas y de todas tus necesidades, entonces incluso la economía deja de tener importancia (sé que parece absurdo, pero ten un poco de paciencia). Elevas tu vibración *por encima* de la turbulencia económica actual y la pones en las diestras manos de Aquello de lo que proceden todas las cosas. A partir de ahí, el universo puede utilizar *cualquier medio* que desee para satisfacer tus necesidades, a veces de forma mucho más creativa e inesperada de lo que la mente puede imaginar. Cuando mi amigo Andy dice que envidia a la gente que recibe una herencia, suelo reírme. «Bueno, en realidad, la Fuente Divina es el fondo fiduciario por excelencia. En más de un sentido».

He aquí una buena oración que te ayudará a descansar en esta conciencia:

> *Transfórmame, Amado Divino, en alguien que confía plenamente en que todas las necesidades reales se satisfacen siempre a través de tu generosidad. Permíteme rendirme y dejar que seas mi Fuente para Todo. Permíteme respirar, relajarme y dejarme guiar por Ti. Estoy seguro. Estoy en paz. Todas las necesidades serán satisfechas abundantemente. Soy Tuyo por completo.*

RENUNCIAR A LA AUTORÍA

Con el tiempo, en una u otra vida, la ambición y el apego empiezan a constreñir como la ropa que se queda pequeña. El alma anhela algo más grande que los planes del ego para guiarse en el camino. Anhela servir y armonizar con el Tao.

Muchas veces, este cambio se produce por puro agotamiento. Un amigo me dijo una vez: «¿Sabes?, yo era un hueso duro de roer, pero al final me estoy dejando llevar. Quién sabe si es la evolución o el agotamiento, pero lo estoy haciendo». Cuando llega ese momento, no importa *qué* clase de sufrimiento sea el acicate, es un momento bendito. Por fin estás siendo abierto… por Dios.

Liberarse de la autoría significa que, en lugar de esforzarte y presionar más, aprendes a quitarte de en medio. Tus instintos empiezan a guiar tus acciones y no te aferras a los resultados.

Cuando empecé a escribir este libro el sentido de autoría me dominaba por completo. Todas mis obras anteriores habían sido colecciones de relatos o poesía, pero cuando comencé a recibir incesantemente el mensaje de escribir sobre la abundancia, supe que tenía que ser un libro práctico de instrucciones. Una colección de relatos, por muy atractiva que fuera, *no* serviría. Tendría que dejar que Dios me llevara lejos, muy lejos de «mi» propia zona de confort y hacia lo nuevo. Aunque lo había entregado todo en ofrenda, todavía había una parte que no renunciaba a ser la autora. Había caído en el trance de «es mi libro», con todas las limitaciones que conlleva. Me decía: «No puedo hacer esto. En el fondo solo soy una contadora de historias». Me quedé tan bloqueada que durante unos meses no fui capaz de escribir nada, ni siquiera cuando se acercaba la fecha de entrega.

Desesperada, le entregué toda la carga a Dios. «¡Libérame de la ilusión de ser quien hace las cosas!», supliqué con cada célula de mi Ser. A la mañana siguiente, mientras me despertaba, oí en mi interior: «El Señor es mi mente, no vacilaré. Ella se encarga de toda la escritura. Suelta el *yo* y limítate a escribir lo que te dicta».

Era como si el Amor dijera: «Deja de molestarme con la *clase* de escritora que eres; todo eso es una ilusión.

Ábrete y deja que Yo te utilice». Al hacerlo, la cáscara constreñida de la pequeña autoidentificación se resquebrajó, permitiendo que el libro brotara.

La importancia de desprenderse de la autoría continuó manifestándose a lo largo de la escritura. A menudo me venían ideas mientras caminaba. Aprendí muy pronto como escritora que si hacía una larga caminata en la que le pedía al Amor que me trajera lo que necesitaba, no solo surgirían ideas, sino también señales y mensajes. Una valla publicitaria por aquí, un grafiti significativo por allá, tal vez un fragmento de una conversación escuchada al azar... A menudo me detenía para tomar notas en mi móvil.

Un día estaba paseando por la calle Valencia de San Francisco cuando me llegó un tsunami de ideas. Mi teléfono se había quedado sin batería, así que fui corriendo a un café a por una servilleta y luego garabateé como una loca apoyándome sobre la pared. No podía esperar a llegar a casa para escribirlo todo.

Pero cuando caminé un par de kilómetros de vuelta al coche, vi que la servilleta ya no estaba. Sabe Dios dónde se me cayó. Ese pánico infantil por haber «metido la pata» me inundó. Entonces me acordé de que *todo el paseo es una ofrenda. De hecho, todo el libro también. Si la servilleta ha desaparecido, no hay que preocuparse. La Fuerza que trajo las ideas la primera vez puede traerlas de nuevo, si es necesario.*

Me senté en el coche, respirando y rezando. Y entonces, de repente, todas las ideas que se me habían ocurrido en aquel momento de inspiración volvieron como una bandada de gaviotas. No me cabe duda de que habrían sido bloqueadas por el miedo, la desesperación o un coro entusiasta de «¿cómo has podido ser tan descuidada?». En cambio, el hecho de liberarme de la responsabilidad de hacer se encargó de todo.

La gran Martha Graham le dijo una vez a la bailarina y coreógrafa Agnes de Mille:

> Hay una energía, una fuerza vital [...] que se manifiesta a través de ti en la acción, y como no hay ni ha habido nunca nadie como tú, esta expresión es única. Y si la bloqueas, nunca existirá a través de ningún otro medio y se perderá. El mundo no la tendrá. No es asunto tuyo determinar lo buena o valiosa que es ni compararla con otras expresiones. *Lo que te incumbe es mantenerla clara y directa, mantener el canal abierto* (cursiva añadida).

Es probable que muchos hayáis sentido cómo la inspiración surge de un estado relajado de apertura. En eso consiste liberarse de la autoría. Al parecer, el mismo Miguel Ángel dijo que su obra maestra, el David, se creó simplemente quitando la piedra que no era necesaria.

Miguel Ángel siguió las directrices de Dios.

Por suerte, estas directrices se muestran en muchos ámbitos, incluido el del dinero.

Adiós al *mi*

La ofrenda es el tema central de este libro.

Esto significa *devolver* a Dios cualquier carga, ya sea un deseo, un apego, una enfermedad, las finanzas o cualquier otra cosa. Al fin y al cabo, ¡para empezar era Suya! En cierto modo, es como decir: «Esto me obsesiona tanto que ya no puedo apoyarme en las propias fuerzas de mi ego. Por favor, muéstrame Tu voluntad».

La verdadera ofrenda toma lo que puede ser una cruz insoportable y la devuelve al Amor. Te libera de la maraña aparentemente inextricable de ser tú quien hace las cosas. Una manera fácil de empezar es simplemente sustituir *mi* por *el* o *la*. Se nos enseña a pensar en *mi dinero, mi cuerpo, mi pareja, mi felicidad, mi fracaso*. Incluso en *mi despertar*. En la cultura occidental, el trance del *mi* es el que manda. Pero aquí está la trampa: si todo te pertenece a *ti* (el ego), la carga también es toda tuya.

Basta con eliminar el *mi* para que se suavice el aferramiento y comience la ofrenda.

Tomemos el siguiente ejemplo: «Estoy preocupado ahora mismo por *este* asunto… y estoy encantado de entregárselo todo en ofrenda al Amor para que se muestren las acciones correctas en el momento adecuado».

Esto puede aplicarse a cualquier situación. Sally se había construido toda una identidad llena de angustia en torno a su terrible artritis reumatoide, lo cual es muy fácil de hacer. Siempre decía «mi enfermedad», «mis limitaciones», «mis gastos por todo esto», con creciente rabia y desesperación. Le sugerí que, ya que no tenía nada que perder, podía entregar en ofrenda toda esa desgracia a la Divinidad y desprenderse del *mi*.

Entonces, empezó a decir: «Te entrego esta enfermedad por completo. Por favor, haz que me abra y muéstrame las acciones correctas. Y si *no* hay una solución en estos momentos, permíteme por lo menos *aceptar esto* por ahora y aclárame lo que necesito aprender».

Inmediatamente se sintió más abierta por el simple hecho de soltar ese *mi*. Y con el tiempo, el proceso de entrega, aceptación y desbloqueo trajo consigo una curación que nunca había imaginado. Se sintió impulsada a volver a un acupunturista al que había acudido muchos años antes y que utilizaba tratamientos, hierbas y dieta. Sin embargo, esta vez todo funcionó, tal vez porque finalmente se había liberado de *la identificación de su ego con el problema*. Aunque los brotes siguen apareciendo, ha mejorado mucho.

Aceptación radical

Una parte del proceso de Sally fue la aceptación. Aunque esta idea está de moda, puede ser mucho más fácil propiciarla a través de la oración que tratando de convencer al ego de que acepte lo que odia. Esto significa rezar para abrazar algo *tal y como es en el momento*. No para siempre, solo por *ahora*, ya que, en el mundo de Dios, las cosas pueden cambiar en un abrir y cerrar de ojos.

La aceptación radical del Ahora abre el Fluir.

El concepto de «a lo que te resistes, persiste» tiene algo de cierto. Una de las mayores revelaciones de mi vida fue que podía orar para alcanzar la aceptación radical, especialmente cuando me encontraba atascada en una resistencia total. Podía decir: «Déjame abrazar esto solo por el *momento*. Permite que diga que sí solo por ahora». La aceptación no es resignación ni impotencia, sino una apertura del Camino para las próximas acciones correctas.

Entregar el resentimiento a lo Divino

Sara es una conocida pintora con una gran cantidad de seguidores. Durante muchos años, se ganó bien la vida exponiendo su obra en galerías de todo el mundo. Y un día, conoció a Joelle, el gran amor de su vida.

En un clásico romance relámpago, a los tres meses de conocerse, Joelle se había instalado en la casa de Sara, en San Francisco. Sin embargo, no tenía una fuente de ingresos estable; su última pareja la había mantenido también económicamente. A pesar de lo «enamorada» que estaba Sara, pronto se irritó por tener que cuidar de ella. De hecho, a medida que pasaban los meses, se enfurecía cada vez más por desempeñar el papel de cuidadora financiera.

No obstante, en lugar de establecer unos límites saludables, se aferró más a la relación. Por muy furiosa que estuviera, no quería perderla. Entonces empezó a ocurrir lo más extraño.

Durante su primer año juntas, la venta de la obra de Sara se paralizó. Los retiros que impartía por todo el mundo también dejaron de llenarse. No conseguía entender lo que estaba pasando hasta que un día lo comprendió.

Su resentimiento hacia Joelle, combinado con el empeño en ayudarla a toda costa, había bloqueado el fluir de la abundancia. Sara lo estaba bloqueando para no tener que mantener a su compañera.

Cuando finalmente entregó en ofrenda su pintura, sus finanzas y su relación a la Divinidad, lo vio claro. Sabía que necesitaba una pareja autosuficiente y que ya no podía cargar con Joelle. Entregó la relación a la Divinidad y la dejó ir.

Un par de meses después de su ruptura, sus finanzas volvieron a la normalidad.

El acto de soltar es un proceso sagrado. Todo lo que se entrega de verdad se convierte en sagrado. No se trata de arrojarle un problema a Dios, diciendo: «¡Oye, espero que *Tú* puedas arreglarlo, amigo, porque está clarísimo que yo no puedo!». Ni de exigir: «¿Y para cuándo puedo recibir mi pedido?». En su lugar, te vuelves más humilde y te preguntas: «¿Qué estoy aprendiendo aquí? ¿Cómo puedo ser más amable conmigo mismo en este momento?». Tomas esa carga insoportable y dices: «No puedo seguir siendo un ego que arrastra esto como una mula de carga. Por favor, muéstrame el camino».

Y a menudo descubres que el problema que ha sido tu más terrible adversario es en realidad la clave de tu libertad.

Terminas en el *presente*, confiando en que habrá suficiente. No te obsesionas con lo que debes manifestar a continuación, ni con lo estupenda que será la vida más adelante. No estás obsesionado con los arrepentimientos del pasado o con un futuro de fantasía. Estás en el presente, aceptando el Ahora y abierto al Amor.

Esto puede hacerse en cualquier momento y en cualquier lugar, justo en medio de este mundo frenético, en un atasco o en el gimnasio. No hace falta meterse en una cueva en Nepal. No importa dónde estés, la ofrenda te devuelve al lugar al que perteneces, justo al regazo de Dios. Dices: «Que esta carga que me ha traído tanto sufrimiento se convierta en el camino hacia Ti».

Y lo será.

Una vez leí una entrevista a un chico de Ecuador al que consideraban el mejor autoestopista del mundo. Había escrito prolíficamente sobre los dos mil viajes que hizo, recorriendo más de ciento sesenta mil kilómetros a través de noventa países.

Pero lo que me pareció fascinante es esto: su secreto era la aceptación radical. Los días en los que se sentía frustrado e impaciente al lado de la carretera, siempre era cuando más tiempo pasaba esperando. Y los días en los que se sentía abierto y tolerante, incluso a pesar del mal tiempo o de cualquier otro problema, los trayectos se hacían rápidamente, a veces en unos instantes.

Además, había descubierto que esta aceptación no solo funcionaba con el autostop, sino también con el amor. Durante mucho tiempo, había dudado si alguna vez encontraría una pareja lo suficientemente aventurera para compartir la vida en la carretera. Cuando dejó de buscar y aceptó su soledad, fue ella finalmente quien lo encontró a él. Desde entonces, dan la vuelta al mundo juntos.

La ofrenda y el dinero

Desde que tenemos uso de razón, nos enseñan que todas las finanzas pertenecen al ego. El mensaje es constante: «Es *mi* dinero. ¿Cómo puedo conseguir más? ¿Por qué gasto así? ¿Por qué siempre tengo miedo a perderlo todo?».

Pero cuando todo se entrega en ofrenda a la Divinidad, el enfoque se convierte en: «Muy bien, Dios, Te entrego este miedo a la ruina. Libérame de las preocupaciones. Muéstrame el primer paso. Estoy listo para conocer la Fuente Divina».

Empiezan a llegar nuevos recursos porque por fin estás abierto. Ya no dices: «Este es *mi* desastre y me castigaré para siempre por haberlo creado». O: «Me enfureceré por toda la eternidad con quien me puso aquí». Estás listo para soltar el pasado, llegar al Ahora y convertir lo Divino en tu Fuente.

Cuanto más liberes la culpa, el resentimiento y la vergüenza, más se abrirá tu puerta interior. Empiezas a sentirte unido a todo en lugar de perseguir el siguiente espejismo de seguridad.

La ofrenda puede aplicarse a cualquier cosa, por grande o pequeña que sea. Mi amiga Gayle en una ocasión estaba preocupada por un retiro de yoga en Costa Rica al que quería asistir. Era muy caro, y ya tenía muchas deudas. Se pasaba los días dudando: por un lado, deseaba ir; pero, por otro, no quería cometer una imprudencia.

Sin embargo, ¡qué oportunidad tan perfecta para soltar! En lugar de dejar que el ego se peleara sobre el sí o el no, podía entregar el retiro completamente a Dios. Podía decir: «De acuerdo, me encantaría, pero muéstrame Tu voluntad. Si estoy destinada a asistir, acláralo. Y si no, déjame estar bien *vaya o no vaya*».

Tras su ofrenda, Gayle sintió un enorme alivio por no ir. Y, al mismo tiempo, se enteró de un interesante taller de un día que iba a celebrarse justo en su ciudad. Sabía que esta era su señal para aguantar hasta que se liquidara parte de la deuda (además, me encantó que no interpretara que contar con la Fuente Divina significa gastar el dinero en cualquier cosa, asumiendo que Dios lo repondrá. Cada caso es diferente, como veremos más adelante).

Puede que estés leyendo esto, y pensando: «Ay, cariño, no tienes ni idea. Tengo problemas mucho, mucho más grandes que un estúpido retiro de yoga». Pero esta es la verdad: la ofrenda es un músculo. Si lo practicas con los asuntos insignificantes, te ayudará con los que tienen de verdad importancia.

Prarabdha karma

Durante una época de su vida, uno de mis escritores espirituales favoritos sufrió numerosas enfermedades. Alguien me dijo: «Este tipo es un auténtico rayo de luz. Te sientes elevado simplemente por estar en su presencia. Entonces, ¿cómo es posible que incluso él tenga todos estos problemas?».

Mucha gente cree que lo atraemos *absolutamente todo*, y ese es uno de los legados más perniciosos de la cultura de la manifestación. Dan por hecho que si tan solo logramos perfeccionarnos lo suficiente, obtendremos una entrada vip a una Disneylandia secreta donde nunca ocurre nada «malo».

Y luego se culpan a sí mismos cuando llegan los inevitables desafíos que forman parte de nuestra existencia encarnada. O juzgan duramente a los demás cuando aparecen las dificultades, asumiendo que *deben de* haber hecho algo mal. Algunos incluso dicen fríamente: «Oh, qué pena que haya creado eso. Pero yo no, ¡*yo soy* diferente!».

Sin embargo, falta algo. Si bien la ley de la atracción es cierta, también lo es la ley del *prarabdha* karma. Quiero decir, incluso el gran santo indio Ramakrishna tuvo cáncer de garganta. Por no hablar de Jesús. Que no murió precisamente bebiendo margaritas en las Bahamas. Lo que importa es cómo manejamos nuestro *prarabdha* karma particular, el curso de estudio de nuestra propia alma. Cuando lo abrazamos, se convierte en el camino real hacia la verdadera abundancia.

EL *TOUR* MISTERIOSO DEL MILLÓN DE DÓLARES

¿Has oído hablar de cómo el actor Jim Carrey se escribió a sí mismo un cheque de diez millones de dólares del Banco Universal mucho antes de ser famoso? Esto dio lugar a que muchísima gente imitara su ejemplo en todo el mundo creando cheques similares. Pero, por desgracia, muchos terminaron pensando que sus millones no llegaban por FedEx Express porque ellos mismos los estaban bloqueando. Sin embargo, yo diría que a Jim le ocurrió aquello, simplemente porque ese era *su prarabdha* karma.

Este libro parte de una premisa singular: *cada persona está aprendiendo en su vida una serie diferente de lecciones sobre la abundancia.* Es posible que tu destino no sea tener diez millones de dólares. De hecho, ¡podría ser lo último que necesita tu alma! Quizá en esta vida estés aprendiendo a confiar en que siempre tendrás bastante… y cuanto más te abras a la Fuente Divina, más te llegará.

Algunos asuntos son tan fundamentales para el despertar de nuestra alma que volvemos vida tras vida para resolverlos. Alguien que acumula una gran riqueza podría estar resolviendo un determinado karma, tal vez para ver si es generoso, agradecido y de buen corazón con su dádiva. Si no lo es, puede que cree un karma *diferente* en vidas futuras.

La ley de la atracción y la ley del *prarabdha* karma se entrelazan en cada momento.

Cuanto más confíes en esta Fuente, *menos* necesitarás una enorme riqueza para sentirte abundante. Si viene, entonces fantástico, y quizá serás generoso con ella. Pero empiezas a sentirte próspero sin importar *cuál* sea tu *prarabdha* karma personal.

Esto también hace que te resulte más fácil sentir aceptación y compasión. Un maestro mío solía decir: «Agradece el karma que no te ha tocado. ¡Con el tuyo ya tienes de sobra!».

No deja de sorprenderme cómo la confianza en la Fuente Divina no guarda la menor relación con la riqueza. He tenido clientes increíblemente prósperos que sufrían una tortura mental continua, mientras que otros que vivían al día tenían tal fe que rara vez se preocupaban. Vivían en un estado de gracia, donde todo lo que necesitaban les llegaba puntualmente.

Ahora, una última aclaración. A algunos os bastará con las ocho semanas que dura este viaje para experimentar un rápido aumento en vuestros ingresos. Puede que de repente tengáis mucho, y quiero decir *mucho*, *mucho* más. Si ese no es tu caso, no te preocupes: aunque los euros no aumenten inmediatamente, hay algo que sí lo hará, de una forma impresionante.

La confianza.

Empezarás a sentir en lo más profundo de tu ser que, de una forma u otra, quizás por primera vez en tu vida, *todas las necesidades reales serán satisfechas.*

Las soluciones adecuadas para cualquier problema financiero se harán evidentes... y si necesitas algo, vendrá.

INTENCIÓN

La intención es una parte del rompecabezas que a menudo se malinterpreta. En sánscrito, la hermosa palabra *sankalpa* indica una resolución unívoca de centrarse en un determinado objetivo. Podría verse como un voto solemne creado por el corazón y la mente. En cierto sentido, significa 'eres aquello en lo que te centras'.

En efecto, *sankalpa* es una herramienta inestimable. «Ahora entrego en ofrenda este viaje íntegramente al Amor. Que todo lo que esté listo para abrirse, se abra. Que todo lo que esté listo para irse, se vaya. Anhelo que ocurra el bien más elevado. Permite que yo sea Abundancia».

Este tipo de intenciones abren espacio a la voluntad divina. Son muy diferentes de las metas como «*ganaré* un millón de euros para febrero» o «mi media naranja *aparecerá* dentro de treinta días». Una vez que empiezas a confiar en esta Fuente, dejas de *insistir* en que cada deseo pasajero debe cumplirse; te relajas y sabes que de una manera u otra, tus necesidades serán cubiertas.

La sensación es como si te quitaras de la espalda un «mono manifestador» que pesa una tonelada.

Quiero aclarar que no estoy descartando el poder de la mente. Por ejemplo, muchos atletas han utilizado con éxito la visualización y los pensamientos positivos para mejorar su rendimiento. Y sin duda, si eres una de esas almas en pena que se pasan el día quejándose, los pensamientos positivos suponen una gran mejora con respecto a los negativos. Incluso utilizaremos algunos de ellos en el proceso de abundancia. No obstante, la intención, si no hay una rendición por tu parte, puede llevarte rápidamente al autoengaño.

Tomemos esta historia de uno de mis programas favoritos, *This American Life*. Una vez, el elenco de *Riverdance*, un conocido musical, compró un lote de boletos cuando la Mega Millions* subió a la estratosfera. Un miembro de la compañía, que conocía la visualización, les aseguró a todos que si creían con la suficiente fuerza, sería inevitable que consiguieran el premio. Al fin y al cabo, ese es el poder de la intención: ¡suéñalo y llegará! Solo tenían que *sentir* que ya lo habían ganado.

A medida que avanzaba la semana, todos se obsesionaban cada vez más con elaborados planes sobre cómo gastar su dinero. Incluso cantaron frenéticamente

---

* N. del T.: Famosa lotería estadounidense; el bote mínimo de Mega Millions es de cuarenta millones de dólares.

«lotería, lotería, lotería» durante la última función antes del sorteo. (¡Cómo me hubiera gustado ser un miembro del público para alucinar viendo aquello!).

Sin embargo, cuando se reunieron para el sorteo, con el champán frío preparado, no salió ni un solo número de los que llevaban. Por supuesto, estaban desolados. Su intención había sido pura y entusiasta.

Pero, es sencillo, ¿verdad? No era su momento de ganar. No era su *prarabdha* karma.

A menudo me entra la risa cuando alguien dice que tienes que saber lo que quieres crear o, de lo contrario, Dios se confundirá. Como si el Poder Supremo que lo creó todo no supiera exactamente lo que necesitamos.

Cuando me preguntan cuáles son mis intenciones, suelo responder: «Bueno, ya sabes, solo una: que Dios tome las riendas por completo y se haga Su voluntad».

Oración para transformar el dinero

De acuerdo, Dios, ábreme.

Estoy preparado.

¡Ya no quiero llevar la carga agotadora de este asunto!

Se acabó.

Ábreme a todo lo que deba recibir de este proceso sagrado.

Ayúdame a soltar cualquier vieja creencia y sentimiento que se interponga en el camino del plan que Tú has trazado para mi vida. Permíteme conocer el bien que puedo hacer como encarnación de la abundancia Divina.

Muchos de los libros y cursos centrados en el dinero se basan en la idea de «¿cómo puedo conseguir más? Lo quiero *todo* y me lo *merezco*».

Pero este es un camino radicalmente distinto.

Así que aquí y ahora, antes de lanzarnos a los cinco pasos diarios, puedes bendecir todo el proceso de apertura a la abundancia con una oración directa.

Cámbiame. Ábreme.

Hazme receptivo a lo inesperado.

Haz que pueda recibir todo lo que está destinado a mí durante estas próximas semanas y de aquí en adelante.

Permíteme conocer mi propia valía para recibir.

Déjame jugar con estas nuevas ideas como una aventura. Y luego, permíteme aceptar lo que suceda según Tu voluntad.

Yo soy Tuyo. Tú eres mío. Somos Uno. Todo está bien.

Bien, ¡comencemos con esos pasos!

LOS CINCO PASOS DIVINOS

*Sé quien cambia la suerte de todos
cuando entras en la sala.*

–Atribuido a Hafiz

Por favor, comienza a seguir estos cinco pasos durante esta semana. Te pido también que los hagas a diario durante las semanas restantes. No es necesario dedicarles mucho tiempo, y pronto encontrarás en ellos un impulso.

PASO 1:
REZA LA ORACIÓN DE CAMBIO DE LA ABUNDANCIA PLENA

Esta invocación te hará salir de la escasez y la preocupación y te abrirá a recibir. Te sorprenderán sus resultados, incluso aunque estés de mal humor cuando la recites.

A lo largo de los años, miles de personas me han escrito describiéndome el alivio que les proporciona, a veces de forma inmediata. Pero si al principio sientes que la rezas de forma mecánica, no te preocupes. Puede llevar un poco de tiempo resonar por completo con ella.

Al cabo de una o dos semanas, quizás sientas que te adentras en esta oración y que tu voz resuena con las palabras. Es posible que las sientas vibrar dentro de ti, derritiendo la resistencia y el miedo. Permíteme asegurarte que, seas quien seas, esto puede ocurrir. Intenta estar tan presente como puedas mientras la dices. Sigue haciéndolo, aunque el dinero no te llueva encima nada más terminar la oración.

Invita al Amor a hacer el trabajo y a abrirte para que seas capaz de dar y recibir con facilidad. (Como esto no es autoayuda, no es necesario que te esfuerces para cambiarte a ti mismo; Dios hará lo que tú no puedes hacer).

He mencionado antes que rezar para que se produjera en mí un cambio me permitió permanecer presente junto a mi madre de una manera milagrosa e inesperada que nunca hubiera podido imaginar. El amor vino al rescate, y me hizo un favor. Nunca subestimes lo que puede ocurrirte a ti también.

La tengo en mi ordenador desde que empezó el curso. Cada día, al encenderlo, siento que tengo un amigo que me espera. Esta mañana, mientras estaba sentada, molesta por tener que pagar unas facturas, volví a leer la oración. De repente, ¡mi consciencia implosionó! Vi que, en realidad, estaba distribuyendo el dinero de Dios para satisfacer mis necesidades. Fue una visión tan estimulante que subí corriendo a contárselo a mi pareja. Algo está floreciendo en mi interior y me siento muy a gusto. Por primera vez, no solo siento que puedo tener suficiente, ¡sino que soy capaz de concebir que hay de sobra para todo!

A medida que salgas de la escasez y el resentimiento y entres en la abundancia, podrás comprobar que se producen cambios similares de forma repentina. El Fluir se mueve a través de ti... y siempre puedes recibir más.

PASO 2:
EMPIEZA A LIMPIAR TU CASA

Una parte importante de la apertura para recibir es *hacer espacio*. Lo digo en el sentido más práctico y físico. Esto. Es. Fundamental. Especialmente si tienes mucho desorden acumulado, estarás «creando un vacío» para permitir que llegue lo nuevo. En realidad, esta limpieza está conectada con el término *saucha*, de los *Yoga Sutras*, que significa 'pureza' o 'purificación'. Aunque se aplica tanto al alma como al espacio físico, por ahora lo aplicaremos a este último.

He descubierto que la forma más fácil de comenzar el proceso de limpieza, especialmente si tienes una enorme resistencia, es mediante una ofrenda. Lo mismo que sucede con el dinero, y con todo lo demás. No hace falta que el ego se asuste: «Dios mío, ¿cómo voy a tener tiempo para toda esta limpieza? ¿Qué voy a tirar? ¿Qué voy a conservar? ¿Cómo voy a decidirme?».

En lugar de eso, desde el principio, entrega en ofrenda todas tus pertenencias al Amor.

Al fin y al cabo, toda pertenencia viene de la Divinidad y vuelve a ella. ¿Qué podemos llevarnos el día de nuestra muerte?

Así que tal vez puedas decir: «Querido Amor, muéstrame lo que ya no necesito. Muéstrame lo que tiene que irse». Si lo pides con sinceridad, se te *mostrará*.

La mente quizá proteste: «¿Cómo voy a saberlo?». Bueno, he descubierto que, con la práctica, el cuerpo y el instinto te guían. La maravillosa Marie Kondo tenía razón cuando decía en *La magia del orden*: «Deshazte de lo que no te da alegría». Pero incluso ese consejo no es lo suficientemente claro para algunas personas, por lo que saber soltar, ayuda bastante. Es posible que sientas el impulso de empezar por un lugar determinado. Tal vez sea por cierto cajón de la cocina o por la ropa. *Confía en ti mismo.* Puedes rezar: «Ayúdame a escuchar mi interior durante este proceso».

Aunque mi propio espacio físico siempre ha sido bastante ordenado, mi ordenador solía ser una pesadilla constante. Un día, finalmente lo entregué en ofrenda, rezando: «Tengo tanta resistencia a organizar esto... Muéstrame por dónde demonios empezar antes de que me explote la cabeza». (Sí, esa fue mi súplica. No es necesario ocultar tus sentimientos al Amor, que de todos modos te conoce a la perfección. A veces me imagino a la Divinidad sonriendo ante mis acaloradas oraciones de frustración). Unos instantes después, empecé a borrar cuatro años de correos electrónicos.

El amor te mostrará tu propia línea de salida sagrada.

Puede que te dirijas a ese armario que, al final, acaba siendo la clave de tu prosperidad. Quizá hace diez años metiste allí viejas cartas de amor de alguien con quien todavía estás enfadado. Tal vez quemarlas, bendecirlas y liberarlas por fin sea tu propia puerta de entrada a la abundancia. He visto que esto ocurre. Tu casa puede tener abscesos simbólicos de pus que simplemente hay que drenar. Cuando le pidas al Amor que te lo muestre, lo hará. Si tienes una resistencia brutal (a alguna gente le da miedo desprenderse de cualquier cosa), puedes decir: «¡Que ocurra un maldito milagro para que pueda hacer espacio para lo nuevo!».

En algunos casos hay que comenzar por algo más pequeño que la casa. Podrías empezar por tu coche, tu cartera o tu bolso. Si estás de viaje, puedes incluso reorganizar tu maleta. Cualquier cosa que hagas puede ser un comienzo simbólico y poderoso. Como dijo una vez el músico John Cage: «Empieza por cualquier sitio».

En realidad, mucha gente se da cuenta de que el proceso es contagioso e imparable una vez que se sumerge en él. Puede que incluso descubras formas de hacerlo más placentero con música o pequeños regalos que te haces a ti mismo sobre la marcha.

Pero esto es lo más importante. Cuando sueltas el proceso y dejas de intentar limpiar desde la fuerza limitada de tu ego, algo más interviene. Lo Divino comienza a actuar *a través de* ti y *para* ti. Lo Sagrado mismo crea el espacio.

PASO 3:
DEJA DE QUEJARTE DEL DINERO

Tanto si tu tendencia es quejarte a ti mismo como a los demás, *deja de hacerlo* durante estas semanas.

Fíjate en cuando empieces a decir cosas como: «Me gustaría poder comprar eso, pero no tengo dinero. Estoy muy enfadado, *nunca* tengo nada». Como experimento, por ahora, *deja* de quejarte. Cuando compartí esta idea con una amiga, se enfureció.

—Bueno, yo no me censuro. Me gusta ser auténtica.

—Pero si no te censuras —me reí—. Lo que haces es dejar espacio para una vida nueva, más abundante. Eso es más difícil si te alimentas constantemente con veneno.

Quizá no tengas ni idea de hasta qué punto pueden afectar a tu vida afirmaciones constantes como «nunca tengo dinero» o «siempre estoy asfixiado». Incluso las propias palabras son oscuras y pesadas. *Sin dinero. Asfixiado.* Esta es la parte de la ley de la atracción que es verdadera.

En sánscrito, se llama *Matrika Shakti*, el mágico poder de atracción del lenguaje.

Así que mientras dure este curso, olvídate del lenguaje de la escasez, aunque sigas creyendo en ella. Vas a sentir como si una especie de martillo hidráulico mental cesara de repente. Puede que no te des cuenta del ruido atronador que producía hasta que te tomes un descanso.

Ahora bien, no estoy diciendo que niegues la realidad. En este momento, es muy posible que haya cosas que no puedas permitirte. Sin embargo, por ahora, deja de insistir en que no puedes. Cada vez que te sientas tentado, podrías decir: «Lo que necesito siempre llega».

Por ejemplo, te enteras de un curso que te atrae. Mientras que antes habrías dicho: «Oh, no debería ir. No puedo permitirme eso», por ahora, entrégaselo a la Divinidad para obtener el resultado más satisfactorio. Puedes decir: «Todas mis finanzas se entregan en ofrenda al Amor, y milagrosamente, lo que necesito siempre llega. La Divinidad es mi Fuente para todo».

Bien, una cosa más. Por favor, no compruebes tu saldo bancario cada dos segundos durante este proceso y te preguntes: «¿Está subiendo? ¿Está funcionando?». Por ahora, solo entrega, entrega, entrega. Estás en medio de una seria invocación a la Fuente. Concéntrate en eso. El resto es cosa de Dios.

Puedes decir que el Fluir *te traerá constantemente lo que necesitas*, aunque todavía no tengas ni idea de cómo ocurrirá. Cuando precises saberlo, lo sabrás.

Una vez, un tal James escribió en mi página de Facebook diciendo que estaba encantado de que publicara tantas cosas gratis, ya que él no solo estaba sin blanca, sino que además se sentía orgulloso de ser un tacaño.

No pude evitar responder: «Me alegro de que te guste estar aquí, querido James. Pero, si continúas insistiendo en esas dos cosas, seguirás atrayendo la escasez y la estrechez como la noche sigue al día. Así que, aunque te sientas orgulloso de no haber gastado ni un euro aquí, sinceramente, no es nada de lo que presumir».

He aquí por qué. Hay una expresión graciosa que mi madre siempre utilizaba cuando yo era niña: «No seas *shnorer*». En *yiddish*, un *shnorer* es alguien que solo quiere recibir y nunca dar. Esa gente vive fuera del círculo de la abundancia, y se dedica a acumular, con la esperanza de que, si junta lo suficiente, se sentirá segura. Pero eso nunca funciona.

Sin embargo, aprender a convertirse en un conducto no es difícil. De este modo, el universo puede traer lo que tú mismo necesitas y *asimismo* te permite dar. Así, sientes el *deseo* de apoyar a quienes te han ayudado. *Se entra en el Fluir ofreciendo algo en reciprocidad.*

Además, ya que estamos en ello, *no tener dinero* y *ser tacaño* son en realidad dos problemas diferentes. *No tener dinero* puede arreglarse diciendo que «tienes problemas económicos temporales». No hay que avergonzarse de ello. ¡Pasa hasta en las mejores familias!

Sin embargo, la *tacañería* es una historia diferente. Ser tacaño es como decir: «Simplemente *no* voy a ser un conducto para la abundancia. No voy a gastar ni a dar».

Tienes que querer dejar que Dios te *use* para dar. Has de querer ser parte del Fluir, no solo financieramente, sino en todos los sentidos.

Citando *Ábrete a lo inesperado*[*]:

Así que regala algunas cosas. Invita a comer a algunos amigos.
Haz lo que sea necesario para sentirte próspero a pesar de las dificultades.
Y nunca, jamás, digas que estás sin blanca.
Si habitas en la vibración del miedo, la duda y la estrechez,
eso es lo que indudablemente seguirás atrayendo.
Si sigues insistiendo en que nunca tienes suficiente,
el mundo te dará la razón. Pero, si te permites ser lo que crees
que necesitas, de una forma u otra
llegará.

PASO 4: HAZ UNA DECLARACIÓN DE GRATITUD

Cada día, sencillamente encuentra *una* cosa por la que estés agradecido en lugar de fijarte en lo que desearías que ocurriera y no ha sucedido. Estoy seguro de que muchos habréis trabajado con esta idea antes, pero es especialmente poderosa cuando la combinas con los otros pasos.

No tienes que hacer una gran lista; no hace falta que escribas un diario sobre la gratitud durante veinte horas. Tampoco es necesario fingir que te alegras por algo que te trae sin cuidado. Puedes ser realista. Solo *una cosa* al

---

[*] Editorial Grijalbo.

día, aunque sea tu café caliente o tus viejas y cómodas zapatillas. Tal vez sea diferente en cada jornada. Deja que el sentimiento te impregne. Esta práctica transforma los neurotransmisores de tu cerebro, de modo que los que se quejan disminuyen y los que dan las *gracias* se vuelven más activos.

Paso 5:
Di «me es fácil recibir»

A diario.

Algunos estaréis pensando: «¡Qué trabajo me cuesta recibir! Siento una culpa abrumadora cuando la gente me da o cuando gasto dinero en mí mismo».

Si es así como te sientes, tal vez deberías empezar diciendo: «Por increíble que parezca, y a través de la milagrosa intervención del Amor Mismo, *de repente* me resulta fácil recibir».

Como experimento, deja de lado la resistencia. Dilo como te parezca. Incluso puedes jugar con ello:

Cada día, Dios me hace estar más abierto a recibir.
¡Qué milagro que precisamente yo me haya abierto, por fin, a recibir!
¿Cómo demonios ha sucedido esto? ¡De repente estoy abierto!
Estoy preparado. Recibir se vuelve más fácil cada día.
Soy uno con esta Fuente expansiva de todas las cosas.
Todo lo que necesito siempre llega, y lo recibo con gratitud.
Estoy increíblemente emocionado de recibir.

Nos centramos en la facilidad, la receptividad y la apertura, lo contrario del estrés, la lucha y la envidia.

La mayoría hemos sido adoctrinados en este absurdo paradigma cultural de competencia incesante, en el que nos enfrentamos unos a otros para conseguir incluso una pequeña porción de abundancia. Esto se basa en una mentalidad de escasez total. Pero tan pronto como regreses a la Fuente, sinceramente dejará de importarte lo que tengan los demás. Nadie puede apropiarse de tu bien.

Hoy en el trabajo, mi jefa me preguntó qué estaba haciendo. Le dije la verdad:

—Estoy estudiando cómo podría llevar a mi anciano padre a un safari maravilloso.

Para mi sorpresa, entró en su despacho y volvió con un sobre. ¡Me entregó la cantidad completa! Protesté:

—¡Oh, no, no puedo aceptarlo!

Sin embargo, ella insistió.

—Sí, puedes, y yo quiero dártelo. Pero solo puedes usarlo para el safari, y nada más.

Las dos nos reímos y nos dimos un abrazo.

¡Era tan difícil de aceptar! ¿Me arrepentiría después? ¿Era un soborno? Entonces un amigo me dijo:

—Este regalo no es por lo que tendrás que hacer a partir de ahora, sino por lo que ya has hecho.

En ese momento supe que debía decir simplemente: «Gracias». ¡Todavía me cuesta creérmelo!

Me reí, preguntándome: «¿Hice espacio para esto limpiando mi casa durante un mes como una auténtica loca?». ¡Creo que sí!

A mucha gente le cuesta mucho abrirse a la generosidad y abundancia del Espíritu. De hecho, de vez en cuando te ofrecen algo y tienes que sospechar: «¿Esto va con condiciones?».

Podrías rezar: «Si por alguna razón *no* estoy destinado a aceptar esto, si hay una trampa, por favor muéstramelo. Envíame una señal y *detenme*».

(En realidad, esta es una oración estupenda siempre que necesites una doble comprobación divina).

Si no aparece el impulso de detenerte, entonces tal vez Dios esté *usando* a esa persona para darte algo, y ya sabes, la Divinidad puede usar a cualquiera que desee. No estoy ignorando que hay vampiros psíquicos que te darán para engatusarte. Pero si te encomiendas a Dios, se te mostrará: sentirás una sensación desagradable, y dirás que no. Pero si la sensación es de «pureza», sin intenciones, tendrás otra oportunidad de recibir la generosidad de Dios. La limpieza —junto con el resto de estas prácticas— puede ayudar a abrir el camino.

Simplemente grábate en el corazón: «Me es fácil recibir».

Y. Serás. Transformado.

Una meditación para comenzar tu viaje

He descubierto que el Amor se comunica realmente por medio de los instintos, y especialmente a través del cuerpo. La meditación y la oración hacen que se sienta bien recibido.

Pídele a alguien que te lea esto en voz alta, o si lo prefieres, léela, grábala tú mismo y reprodúcela para poder entrar en la meditación plenamente. (Por cierto, si quieres escucharme leyendo la oración, encontrarás una grabación en «Recursos para profundizar» al final del libro).

Centrándote en tu respiración, siente que te hundes en la tierra, con el cuerpo pesado y relajado.

Sea como sea, imagina tus propias finanzas, tu dinero, aunque pienses que tienes poco.

Hazte una imagen simbólica y clara de tus finanzas en tu mente.

Ahora, imagina que llevas este símbolo al Amor mismo, sea como sea que lo visualices.

Siente que ahora estás entregando esta carga a la Divinidad y que estás diciendo: «Prepárame».

Estoy listo para que me lo muestres.

Estoy listo para abrirme a esto, y dejar que te pertenezca.

Estoy listo para permitir que las viejas restricciones, limitaciones y lastres se vayan.

Tómame y comienza a hacer lo que mi propio ego nunca pudo.

Tómame y comienza a permitir este cambio.

Deja que me eleve y me transforme.

Imagínate entregando en ofrenda toda la carga de tus finanzas a esa Fuerza del Amor.

Puede que veas una palabra, puede que oigas algo, o que simplemente lo sientas. Debes saber que cualquier sufrimiento que hayas experimentado por el dinero será finalmente entregado a Dios. Qué alivio.

Por fin lo estás haciendo de corazón, y estás pidiendo que se te muestren las acciones correctas, a partir de hoy. Esas acciones correctas se mostrarán, paso a paso, desde el interior, todo en el momento adecuado.

Y luego, cuando estés listo, vuelve a salir lentamente de la meditación. Anota todo lo que haya sucedido. Incluso el mensaje más insignificante puede resultar importante.

Puedes ser auténtico

Si sigues estos pasos de forma sistemática durante estas semanas, cierto terror que yo misma conocí todos los benditos días de mi infancia disminuirá. Puede que no se disuelva por completo al final de este proceso, pero se reducirá, posiblemente antes de lo que esperas.

Tal vez incluso haya disminuido simplemente por haber leído hasta aquí. De hecho, es posible que sintieras un cambio solo con leer el título del libro.

Un día estaba trabajando en una cafetería de Oakland cuando el tipo que estaba a mi lado vio una maqueta de la portada en la pantalla de mi ordenador. Mirando el título, exclamó: «Chica, ¿estás de broma? ¡Eso es lo que necesito! El dinero es mi mayor carga».

Cuando te sacudes esa carga, te quitas de encima el peso más grande del mundo.

Bien, una última cosa. No tienes que ponerle una sonrisa a todo esto. Más adelante en este libro, trataremos con emociones como la ira, la vergüenza, la tristeza y el miedo, que a veces es necesario sentir. No te preocupes, llegaremos a eso. Trabajaremos con ellas, incluso rompiendo, destrozando o quemando objetos para liberarnos, si es necesario. Sentir... y soltar puede ser vital.

Pero por ahora, especialmente si tienes rabia o vergüenza por cuestiones financieras, déjalo estar. Hoy es el día, de una vez por todas, en que empiezas a entregar tus finanzas a la Divinidad.

En esta coyuntura, te estás preparando para una sola cosa: convertirte en un vehículo de abundancia. A medida que sigas los pasos, notarás que aumentan las sincronías. Comenzarás a estar en el lugar adecuado en el momento justo para dar y recibir libremente y para ayudar a los demás cuando seas guiado. Todo puede empezar a suceder espontáneamente sin pensarlo mucho.

Entrarás en una realidad expansiva y llena de gracia donde recordarás que eres un Ser ilimitado guiado por el Amor y un vehículo para la Fuente Divina.

Seas quien seas.

PROFUNDIZAR

*No puedes regar las rosas si estás
pisando la manguera del jardín.*
—Jill Wolk

Ahora que has completado la segunda semana, ¿cómo te sientes? ¿Has recibido bendiciones como la devolución de un objeto perdido o el repentino pago de una deuda? ¿O el cambio principal es una sensación palpable de alivio? ¿O tal vez hayan surgido viejos sentimientos que te hacen sentir triste o nostálgico? Eso también puede ocurrir. Sea cual sea tu situación, déjalo estar. Sigue adelante. Habrá más revelaciones.

En la tercera semana, profundizaremos en los cinco pasos. Y déjame decirte que esta es una de las partes más agradables de este proceso. Aunque al principio tienes que mantenerte concentrado y utilizar las herramientas, a medida que vas practicando, son *ellas* las que empiezan a *utilizarte a ti*. Adquieren vida propia.

A veces creo que convertirse en abundancia significa desbloquear la manguera por la que fluye la Divinidad. Es fácil enredarse en un tema como el dinero, pero Dios sabe exactamente cómo abrirte. Para que puedas ser usado como un conducto para la abundancia, es necesario que sueltes muchas cosas. Un sentimiento de no ser merecedor puede bloquearte, o quizás el resentimiento, el miedo o la ira. O el apego a personas que no traen más que dudas y negatividad. Trabajaremos con todo eso.

Si continúas diligentemente este proceso, con el tiempo, la manguera empezará a abrirse y el agua que está esperando para pasar lo hará. Desenfrenadamente. Y entonces es cuando, de verdad, empieza la diversión.

Participa plenamente

Cuando impartía el curso, muchas personas se sumergían en este proceso como si fuera un río en un día caluroso, mientras que otras eran más bien observadoras pasivas. Aunque no hay nada de malo en ello, lo cierto es que este *es* un programa que requiere participación. Quienes se limitaban a escuchar las llamadas mientras tomaban el sol a la orilla del río obtenían muchos menos resultados. Si alguien desea un cambio profundo y duradero, tiene que sumergirse y utilizar las herramientas.

Así que te animo a que te comprometas plenamente y te dejes llevar por los pasos. Porque, en realidad, ¿por qué no ibas a hacerlo? De todas formas, es posible que algunos necesiten leer todo el libro una vez y luego volver para empezar a realizar las acciones, y eso también está bien.

Pero piénsalo. Si te has sentido atraído por este libro, probablemente es porque, de una forma u otra, el dinero te ha aportado su cuota de dolor y sufrimiento. Tal vez alguna parte oculta de ti lleva la vida entera deseando encontrar una nueva solución para esta vieja carga.

Así que ¿qué tienes que perder?

La abundancia del alma vieja

Durante las semanas que pasaremos juntos, debes permanecer abierto a la implementación de un plan Divino: el que el Amor Mismo podría haber elegido expresamente para ti. Deja de leer toda esa literatura de la *New Age*, centrada en *conseguir, tener* o *ser más*, que nos invade como la maleza. Olvídate de eso, por ahora.

Porque si has intentado una y otra vez conseguir más dinero y has descubierto que esto no funciona, quiero que sepas que no eres en absoluto un «fracaso». Por el contrario, *puede que solo seas un alma vieja*. Si lo eres, perseguir la abundancia será infructuoso y agotador porque has nacido para alinearte con la voluntad del Amor, seguir el Tao y servir a algo que está por encima del ego. A medida que pasas de exigir y perseguir a entregar y abrirte, la abundancia empezará a llegar *a través de* ti cuando te vacíes para recibir. (La conexión entre «vacío» y «sagrado»* me ha sorprendido a menudo. Tal vez el propio acto de vaciarte y abrirte te hace sagrado).

Además, si eres un alma vieja, no ganas nada con pensar: «¡Vaya, soy tan poderoso que puedo manifestar todo lo que quiera!».

El Amor mismo podría responderte: «¿Estás bromeando? En realidad, estás aquí para aprender a abrirte y dejar de bloquear el Fluir».

De hecho, es posible que la Divinidad le *impida* a tu ego que manifieste algo. Sé que al mío le ha pasado.

Y aunque miles de *coaches* se pongan en fila de aquí a Uzbekistán para decir que necesitas más sesiones, es posible que estén totalmente equivocados. Muchas almas viejas no son débiles, ni están equivocadas, ni bloquean nada. La propia Madre Sagrada podría estar despojándote

---

* N. del T.: *Hollow* y *hallow* en inglés, 'vacío' y 'sagrado' (o 'santo') respectivamente.

del miedo y los apegos y preparándote para que recibas Su plan luminoso.

Quizá soltar sea una parte importante del proceso de vaciado que utiliza la Divinidad. A menudo, conforme las manos dejan de apretarse en un puño, se relajan en una palma abierta para recibir más de lo que jamás has soñado.

En otras palabras, mientras tú te dedicas a sentirte abandonado, Dios puede estar en realidad metido hasta el cuello en Su propio y bendito proyecto: tu libertad. Tal vez después de miles de vidas.

Ahora bien, no me malinterpretes. El camino de la ofrenda no es siempre color de rosa. A veces, aprender a rendirse es un proceso tan intenso que parece que te estás muriendo. El ego está aprendiendo lo que probablemente sea lo más difícil para él: dejar de intentar controlarlo todo.

No obstante, poco a poco, se consigue. Y a medida que el plan Divino comienza a brotar como un jardín salvaje y exuberante después de años en un desierto, tal vez pienses: «Nunca se me habría ocurrido algo así, y sin embargo siento que es justo lo que necesito. Es como si todo me hubiera preparado para... este preciso momento».

Conforme el plan se desarrolla, ya no te fuerzas ni te avergüenzas a ti mismo como hacías antes. Te sientes más y más desahogado, presente y abierto. Empiezas a moverte con el Fluir Mismo. De hecho, el «fracaso en la manifestación» quizá sea parte de ese plan divino desde el principio, la ruta perfecta para hacerte saltar, de una vez por todas, directamente a los brazos del Amor.

LOS DESEOS SE CONVIERTEN EN PREFERENCIAS

¿Cómo ocurre esto? No es que todos los deseos simplemente se disipen a través de este proceso de entregar en ofrenda (aunque algunos lo hacen). Y seguro que, para empezar, no te culpas por tenerlos, porque son inherentes al ser humano. Pero los deseos en sí mismos nunca son realmente el problema, y nunca lo han sido. El problema es el *apego*. A través de este trabajo que haremos juntos, dejarán de tenerte prisionero.

Incluso puedes decir: «Querido Dios, te entrego este deseo ferviente. Ábreme a Tu voluntad, libérame de mis fijaciones y apegos. Sorpréndeme y deléitame con Tu plan. Tú sabes lo que se necesita, y yo estoy abierto a recibirlo». Finalmente, un deseo sublime se antepone a todos los demás: seguir el Tao, el Fluir Divino, a toda costa.

PASO 1: VOLVER A LA ORACIÓN DE LA ABUNDANCIA
No sé qué Fuerza hizo que esta oración pasara por mí, pero sí sé, desde la cabeza hasta las uñas de los pies, pintadas de púrpura, que funciona.

Si aún no has hecho una grabación con tu propia voz, hazlo. «Detesto mi voz», dirás, pero de todos modos inténtalo. ¿Y si imaginas que Dios mismo habla a través de ti?

Escucharte a *ti mismo* puede desvanecer la ilusión de que la prosperidad es algo *externo* que hay que perseguir. Lee con intensidad y concentración, como si tú mismo fueras un recipiente sagrado para ella.

Deja que las palabras penetren en tu Ser, liberando cualquier vieja idea de constricción o limitación y devolviéndote a tu verdadera esencia de luz expansiva y radiante. Esta oración todavía puede hacerme llorar, tal vez porque es lo contrario de mis propios pensamientos cuando era una niña solitaria en apuros. Me emociona cuando alguien me cuenta que sus hijos ya la conocen.

PASO 2: LIMPIAR TU ESPACIO

Para recibir la abundancia es esencial que construyas tu recipiente interior. Le das permiso al Amor para que te cambie y te prepare como sea necesario. A través de la receptividad y la invitación, enseñas a tu cerebro y al resto de tu cuerpo a convertirse en un conducto para el bien.

Además, a estas alturas deberías estar centrado en la limpieza de tu espacio físico externo. Este paso también podría llamarse: tampoco son *tus pertenencias*.

Incluso el acto aparentemente mundano de la limpieza se convierte en un proceso sagrado una vez que se ha convertido en ofrenda. No importa lo abarrotado y desordenado que esté tu hogar actualmente, estarás construyendo, día a día, un templo para el Amor. Al soltar lo que no necesitas, usas o adoras, harás espacio para esta residencia Divina.

No tienes que estresarte por lo que debes conservar o soltar. Simplemente haz esto: abre las manos hacia el cielo y siente que estás entregando una gran carga.

Puedes decir: «Todavía no necesito tener todas las respuestas a todos los problemas de dinero. Estoy en camino. Ahora mismo, solo necesito que me muestren lo que tengo que *soltar*».

El ego podría decir: «¡Oh, es demasiado! Son catorce años de desorden acumulado. ¿Cómo voy a resolver todo esto?». Pero esta es la otra forma de hacerlo: *entrega en ofrenda todas tus pertenencias a la Divinidad*. Piensa en todo lo que posees, y luego dile al Amor: «Todo esto es Tuyo, por favor enséñame cómo».

Spanda: el tirón interior

Tu intuición está ansiosa por ayudarte a hacer esta limpieza. A medida que continúes soltando, tus instintos se agudizarán.

Incluso puedes empezar a fijarte en detalles específicos, como por ejemplo: «Oh, estos palos de golf que llevan diez años atascando el armario pueden ir a Goodwill.[*] ¡Estoy encantado de que por fin se usen!».

No necesariamente oirás una voz interior, pero si estás abierto y no te cuestionas a ti mismo, lo *sabrás*. Tal vez con dudas al principio, pero después cada vez con más confianza. *Empezarás a confiar en ti mismo.*

A menudo, la intuición llega a través del tirón espontáneo de tu cuerpo que he mencionado antes. Es *spanda*, o salto interior. Es el impulso puro de la Shakti, la energía sagrada que corre por cada uno de nosotros. Es supremamente sabia, libre e indiferente a los *deberías* que llenan obsesivamente la mayoría de las mentes. Al ser arrastrado

---

[*] N. del T.: Goodwill (Buena voluntad) es una organización estadounidense sin ánimo de lucro que proporciona trabajo a personas en situaciones vulnerables. Está financiada por una red de tiendas de segunda mano.

de un lugar a otro mientras limpias tu espacio, seguirás el tirón de esa *spanda*. Tal vez el botiquín te llame primero, y luego la cocina. Sencillamente, lo sabrás.

La funesta alfombra turca

A muchos les cuesta deshacerse de cosas que no les gustan o que no usan porque no quieren sentir que han derrochado el dinero. Pero parte de convertirse en un canal es entregar lo que ya no necesitas para que otra persona pueda disfrutarlo. Incluso la idea misma de *derroche* empieza a cambiar cuando te abres a la Fuente Divina.

Probablemente hayas oído hablar de la idea de que la naturaleza aborrece el vacío. Cuando limpias lo que no es necesario, simplemente haces espacio para lo que *quiere* venir en su lugar.

En *Ábrete a lo inesperado* escribí sobre una mujer que tenía una preciosa alfombra turca en su dormitorio. Aunque era exuberante y cara, la odiaba porque venía de su divorcio. De hecho, cada vez que la veía, se sentía rebosante de odio hacia su ex. Como estaba justo al lado de su cama, era difícil evitarlo.

Finalmente, cuando llegó a conocer la Fuente, decidió venderla. En su interior, anhelaba liberarse de esa alfombra, pero también deseaba sinceramente que alguien pudiera disfrutarla. Ganó una pequeña fortuna con su venta, y luego utilizó el dinero para un viaje de un mes a Maui, donde, por primera vez en años, empezó a sentir que se merecía ser feliz. Me dijo que estaba segura de que su liberación total de «la alfombra del resentimiento» cambió todas las demás áreas de su vida.

Avanza a pequeños pasos

Permítete desprenderte de todo lo que no necesitas, incluida la ropa que no te has puesto desde 1992. Es muy sencillo. Al soltarla puedes empezar a despejar las viejas historias que ya no te sirven. De hecho, basta con una hora de limpieza para abrir la fluencia.

Simplemente, empieza. Tal vez un solo cajón siga tirando de ti. Si vas allí y lo entregas en ofrenda, tu camino se desenredará como un hilo de oro mientras pasas instintivamente de un lugar a otro. Muchas personas se sienten tan aliviadas al limpiar que una vez que empiezan no pueden parar.

«Oh, querido Señor, ¡libérame de todo este desorden para que llegue una nueva vida!».

A David, que es escritor, le aterraba la idea de desprenderse de algunos libros de su enorme colección, pero sabía que tenía que hacerlo. Una vez que se lo propuso, empezó a limpiar en partes pequeñas y manejables. Incluso programó un temporizador para una hora y escribió una oración de liberación. Revisó nueve cajas de libros que se habían apilado unas sobre otras en su dormitorio y que llevaban años tapando la ventana. Se desprendió de más de la mitad. Qué simbólico que por fin pudiera ver el paisaje que lo rodeaba por primera vez.

Si te resistes, haz lo que él hizo: poner un cronómetro, y luego sumergirte en la tarea. Podrías decir: «Durante esta hora, hazte cargo de mí. Por favor, prepárame y enséñame lo que tengo que hacer». Algunas veces, cuando estoy muy desmotivada, incluso digo: «Vamos, Dios, úsame para ir a darles una patada en el trasero a unos cuantos». He descubierto que esto funciona.

O... pide ayuda

A menudo he rezado lo siguiente: «De acuerdo, Dios, si quieres que haga esta tarea que parece imposible, cámbiame por alguien que sea capaz de hacerlo... o por favor, tráeme la ayuda adecuada».

Algunas personas necesitan contratar a alguien para que las ayude a hacer esta limpieza, y francamente, no hay que avergonzarse de ello. Otras tendrán una amiga de confianza que revisará su ropa y les dirá: «¡Por Dios, ya es hora de que te deshagas de esos pantaloncitos a cuadros!».

En realidad, no hace falta que sepas *quién* te ayudará, porque la propia Divinidad lo hace. Si lo necesitas, vendrá, o se te mostrarán las acciones correctas. Haz la ofrenda y mantente abierto.

Incluso podrías invocar la ley de la selección divina, sobre la que escribió Florence Scovel Shinn, diciendo: «La ayuda correcta ya ha sido elegida, y seré guiado hacia ella con facilidad y gratitud».

Una vez que te acostumbres a invocar esta ley, confiarás en que la ruta correcta ya existe. Beberás del cáliz sagrado de *aparigraha*.

La he utilizado siempre para encontrar infinidad de cosas, desde contables hasta dentistas, profesores de yoga, trabajos, apartamentos y todos los gatos adorables que he tenido. En realidad, sirve para todo, y especialmente cuando estás rodeado de gente negativa que insiste en que *jamás* vas a encontrar lo que necesitas. Pero la solución «perfecta» ya ha sido elegida, y serás guiado en el momento y la forma adecuados. Vuelve a recitar la ley cada vez que titubees.

Cuando a Lorna le robaron su ordenador y no tenía dinero para reemplazarlo, empezó a rezar: «Bien, Dios, es Tuyo. Si está destinado a desaparecer, ayúdame a aceptarlo. Si no, la solución perfecta ya está elegida, y seré guiada hasta ella».

Al día siguiente, un compañero de trabajo le dijo: «¿Sabes?, tengo este otro portátil guardado en el armario acumulando polvo. ¿Por casualidad lo quieres?».

Veinticuatro horas, y problema resuelto.

Si vives con alguien

Cuando estaba haciendo el curso, Pashma se preguntó cómo se podía limpiar y despejar un espacio que compartes con otros.

Estaba encantada de haberse desprendido de algunos archivadores que había acumulado durante treinta años y de la ropa y los zapatos que ya no necesitaba. Enseguida sintió una sensación de holgura, pero todo el desorden de su marido permanecía. ¡Menudo reto!

Si se suelta un dilema como este, el Amor suele encontrar una salida donde parece que es imposible hallarla.

En el caso de que estés en esta situación, persevera por ahora con tus propias cosas. No sermonees ni regañes al otro. Céntrate en ocuparte de tu parte mientras sigues entregando todo el desorden.

Muy a menudo, quienes conviven contigo se contagian del virus de la limpieza casi a pesar suyo. Glenda estaba casada con una chica que era un completo desastre. Hizo su propia limpieza durante unas semanas; entonces un día, de la nada, su esposa, Jade, se sumó a la labor y alquiló un camión. Así de fácil. Sin mediar palabra, Jade se llevó la mayor parte del contenido de su abarrotado garaje directamente a Goodwill.

Y eso fue todo.

Glenda sintió que su limpieza había sacudido profundamente a su pareja a nivel psíquico. Había creado un campo de fuerza al que no podía resistirse. Pero ella nunca la presionó; simplemente ocurrió.

Además, siempre hay una oración útil como: «De acuerdo, Dios, ya que tengo el insano karma de vivir con esta persona, por favor, toma las riendas. Deja que yo haga mi parte, y el resto te lo entrego a ti para que hagas un milagro».

Purificación psíquica

Una vez que la casa esté limpia de desperdicios y desorden físico, tal vez quieras quemar algún incienso o hierbas para ayudar a depurar la energía. A mí me gusta abrir todas las ventanas, y luego hacer una ronda inicial de salvia o alcanfor, o una combinación de incienso y mirra, para la limpieza. A veces sigo quemando una segunda ronda de palo santo, una madera aromática de Perú que es fácil de conseguir. Para una purificación aún mayor, también puedes rociar agua de rosas en los umbrales de las puertas y espolvorear sal marina en los alféizares. O cualquier otra sustancia a la que te guíe tu propio instinto.

Limpia tu casa, despeja tu mente

Un punto más sobre la limpieza de tu espacio. Este trabajo puede hacer aflorar miedos y recuerdos de la infancia enterrados desde hace mucho tiempo; de hecho, ese es parte de su propósito. Quizá empieces a llorar sin motivo o recordando acontecimientos lejanos.

Al desprenderte de todos esos trastos que no te sirven, podrías estar liberando energías bloqueadas de tu cuerpo y tu psique. Todo es uno. Por eso resulta tan estimulante despejar espacios. Algunas personas se han *enterrado* casi literalmente entre las cosas para no sentir. Así que, hay asuntos que están *destinados* a surgir emocionalmente en este proceso. Deja que ocurra.

PASO 3: LLENA TU MENTE DE POSITIVIDAD

Con suerte, a estas alturas habrás dejado de decir cosas como: «Esto nunca cambiará, jamás tendré suficiente, siempre estoy sin dinero», o uno de los delirios más generalizados: «¿Por qué todo el mundo consigue siempre lo que quiere menos yo?».

Durante las semanas restantes, protege tu magnífica psique de las quejas por la escasez. Simplemente, por ahora, deja de lamentarte. Si te sorprendes volviendo a caer en hábitos mentales inútiles, no te preocupes. Puede que te des cuenta: «Vaya, ya estamos otra vez con la misma cantinela», pero eso es habitual.

Sustituye esa vieja historia por: «Todo lo que necesito aparece siempre, de manera milagrosa y asombrosa. Dios me abre a recibir más allá de lo que soy capaz de imaginar».

El accidente de tráfico

Cuando empecé a impartir el curso, un coche chocó con el mío por detrás en un semáforo en rojo y se dio a la fuga. Aunque mi Prius quedó destrozado, a mí no me pasó nada. Si bien quedé muy conmocionada, no perdí el tiempo preguntándome cómo podía haber manifestado tan «terrible» suerte. En lugar de eso, mientras estaba sentada sin aliento en el coche destrozado, inmediatamente entregué en ofrenda todo el asunto a Dios.

Al llamar a la compañía de seguros, Gary, el agente, me preguntó si quería quedarme en el coche o volver a casa, pero apenas podía pensar con claridad. Medio en broma, le dije que consultaría la minibaraja de tarot que guardaba en la guantera. Imagina mi sorpresa cuando Gary exclamó: «¡Oh, Dios mío..., tarot! Chica, *yo* también leo las cartas. ¿Qué baraja tienes? ¿Crowley? ¿Y te ha salido la Rueda de la Fortuna? Pues muy bien, entonces, *ambos* sabemos que esto va a salir *bien*».

Sentí que estaba alucinando. Quiero decir que ¿quién iba a decirme que en Allstate[*] había alguien que echaba las cartas? Nadie podría inventar estas cosas. Mientras Gary y yo hablábamos, sentí que mi respiración volvía y que mi cuerpo acababa por relajarse y dejarse llevar.

Steve, el perito de mi caso, también fue un ángel. Me consiguió el cheque de reembolso, que cubría casi totalmente el coche nuevo, en cuatro días. Luego me dijo: «¿Sabes?, llevo toda la vida haciendo este trabajo y lo he visto *todo*. Estoy convencido de que esto llegó en tiempo récord porque no te enojaste con el borracho que chocó contra ti. Algunos se paralizan tanto por la ira que bloquean la siguiente fase. En una semana tendrás un coche nuevo».

---

* N. del T.: Famosa compañía aseguradora estadounidense.

Tenía razón. Y lo que es mejor, la semana anterior al accidente, una empresa me había acosado intentando venderme una costosa garantía ampliada que empezaba a los setenta y cinco mil kilómetros. Yo decía que no sin saber por qué. Mientras se llevaban el coche viejo con la grúa, vi el cuentakilómetros: 74.999.

Dios te persigue

Es posible que ahora lo que has estado persiguiendo desde siempre empiece a perseguirte. Una granjera que participó en el curso vivió una situación un tanto surrealista.

Durante meses, había intentado sin suerte vender los pavos que criaba, y esto le suponía un enorme dolor de cabeza. Un día llamó alguien diciendo que los quería; curiosamente, justo después de haber limpiado *años* de suciedad de su casa. «Fantástico —dijo—. Pero ahora tengo que atraparlos. Qué pesadilla».

Así que lo entregó todo en ofrenda. ¿Por qué no iba a ser Dios tan bueno con los pavos como con cualquier otra cosa?

Lo que sucedió es que cuando salió de la casa, en lugar de ir detrás de los pavos, fueron ellos los que comenzaron a perseguirla a *ella*, cosa que nunca habían hecho. En poco tiempo, y sin dejar de reír a carcajadas, los reunió a todos.

En efecto, así es como funciona. Al contrario de lo que nos han enseñado, las cosas empiezan a darse cuando lo entregas todo, de corazón, a la Divinidad.

De hecho, esta es una de las sorpresas más hermosas. Cuando sigues estos pasos de manera constante, en realidad lo que haces es construir una relación de amor con el Espíritu. Ya no se trata de una transacción comercial o una lista de deseos, sino de Amor.

Ahora, tal vez estés pensando: «Vamos a ver, pensé que este era un libro para poner mis finanzas en orden. ¿A qué viene ahora lo del Amor?». Pero escucha, ya que de todas formas tu vida entera va a cambiar, también podrías incluir esto.

Invita a la Divinidad a perseguirte. En serio.

Solo di: «Finalmente estoy listo, Dios. Persígueme». Eso es todo.

PASO 4: LA GRATITUD TE SACA DE APUROS

En la India, la gratitud se considera una de las mejores maneras de complacer a Lakshmi, una diosa benéfica de la belleza y la prosperidad que tiene múltiples brazos.

Dicen que si estás agradecido por lo que ya tienes, Ella no puede *evitar* darte más. Aunque muchos le ruegan favores, es mucho más poderoso agradecerle el bien actual, por pequeño que parezca.

Hace veinte años, estuve en un templo cerca de Bombay, rezando fervientemente ante su estatua durante lo que me parecieron horas. Cuando terminé, un hombre se acercó y dijo: «Disculpe, señora. ¿Le importa que le haga una pregunta? ¿A quién cree que le está rezando? ¿No sabe que Ella es exactamente usted misma?».

¡Guau! Sus palabras me sacudieron. Me reí y admití que, efectivamente, lo había olvidado por completo. Recordé que la Divinidad interior es la parte más elevada y sabia de nosotros mismos. La Lakshmi interior ya *es* Abundancia.

De modo que puedes rezarle a Ella:

> *Lléname de gratitud por todo lo que das. Permíteme ser un vehículo para Ti adondequiera que vaya. Haz que pueda agradecer cada bendición y conocer Tu abundancia como mi propio Ser. Ábreme a mi propia Divinidad interior y despiértame del sueño de ser «solo» humana.*

Otra forma de apreciarla es tratar con respeto el dinero que tienes, sea poco o mucho. A Ella le encanta el orden y la limpieza, así que la limpieza física del espacio que estamos creando le viene como anillo al dedo. Pero, en su honor, también puedes limpiar tu cartera, tirando los papeles y los resguardos innecesarios, e incluso organizando todos los billetes por su valor. A algunos les parecerá una exageración, pero si lo piensas, estás construyendo un pequeño templo portátil para el dinero.

Además, la gratitud puede demostrarse gastando con conciencia. Puedes respetar lo que *tienes*, aunque ahora mismo no sea mucho. Entregar tus finanzas nunca significa gastar el dinero imprudentemente y luego decir: «Oh, bueno, Dios es tan infinito que ya traerá más». Lakshmi manda que te honres a ti mismo, así como a la Shakti del dinero. Si escuchas, tu propia intuición te mostrará en qué emplearlo y en qué no.

Finalmente, puedes bendecirla mientras pagas las facturas. En lugar de maldecirlas, puedes decir: «Gracias a Dios tengo el dinero para pagarlas». E incluso si en estos momentos no lo tienes, puedes decir: «¡Te doy las gracias porque pronto las podré pagar!».

PASO 5: ME ES FÁCIL RECIBIR
Durante estas semanas, deja que sea un canto dulce y constante en tu cabeza:

«Me es fácil recibir».
«Me es fácil recibir».
«Me es fácil recibir».

Recitar estas palabras podría ser el paso financiero más revolucionario que jamás hayas dado, especialmente si eres mujer. A muchas mujeres (y a algunos hombres sensibles) se les enseña a dar de más incesantemente mientras se sienten indignas de recibir. Una furia tóxica arde en su interior: «Doy y doy, pero ¿cuándo me va a tocar a *mí*?». Irónicamente, este resentimiento bloquea la abundancia de todo tipo, no solo de dinero.

Decir «es fácil recibir» puede sacudir todo tu mundo de una manera extraordinaria.

Mientras Danica se abría a este proceso, soñó una noche que se asfixiaba, que era incapaz de inspirar. Se despertó asustada y se dio cuenta de que había estado dando sin recibir toda su vida. Su alma le gritó: «¡Tienes que inspirar! Te mereces respirar y ocupar un espacio. Eres digna».

Esta afirmación puede disipar la vieja ira, el resentimiento o la amargura. Algunos de estos patrones mentales nos los transmitieron nuestros antepasados a lo largo de muchas vidas. Sin embargo, cada vez que afirmas que puedes recibir, te alejas de ese dolor ancestral heredado y te diriges hacia una apertura radiante.

Cenando *pupusa**

Una noche, mientras iba de camino a la tienda para hacer la compra, cantaba en mi interior: «Estoy abierta a recibir, estoy abierta a recibir». Me detuve frente a una tienda de pupusas, preguntándome si debía comprar una o ahorrar para la comida. De repente, vi a un vagabundo al que hace años solía dar dinero.

–¡Oye! ¿No te acuerdas de mí? –me dijo muy sonriente–. ¡Te debo diez dólares!

Me quedé sorprendida y le contesté:

–No, no, Jim, está bien.

Pero él sacó su cartera e insistió:

–¡Sí, tengo que invitarte a cenar!

¿Cómo iba a decir que no, si había estado repitiendo todo el día «estoy abierta a recibir»?

Tenía razón. Una vez que lo dices, no depende de ti el quién ni el cómo. Además, puede que Jim necesitara darle el dinero tanto como ella necesitaba recibirlo.

Permite que te ayuden

Sam, un reconocido fabricante de muebles, llevaba años arrastrando una enorme deuda en su tarjeta de crédito, que lo llenaba de vergüenza y remordimientos. Había perdido su taller y todas sus mejores piezas en un

---

* N. del T.: Es una tortita pequeña y gruesa, originaria de El Salvador, hecha de maíz o masa de arroz (*pishtón*) con un relleno de uno o más ingredientes.

incendio en Los Ángeles. Para colmo, su mujer lo abandonó al mismo tiempo, y su ánimo se derrumbó sin que lograra reponerse.

Sin embargo, cuando empezó a entregar en ofrenda su insoportable desdicha a la Divinidad, se le ocurrió una idea singular e impactante: «De alguna manera, dejaré que el Amor haga por mí lo que no puedo hacer por mí mismo». Al día siguiente, recibió una extraña llamada telefónica: su tía favorita, una inversora con mucha experiencia, había hecho recientemente una fortuna en *bitcoins*. Esperaba que no se ofendiera, pero conocía su situación y quería ofrecerle veinte mil dólares. Como regalo, no como préstamo. ¿Lo aceptaría?

Sorprendentemente, fue capaz de recibir de ella, luchando contra las lágrimas todo el tiempo. En el pasado, se habría sentido demasiado humillado para aceptar. Pero sabía que su tía era el conducto que Dios había elegido para que se recuperara… y estaba agradecido.

El placer de recibir

Se trata de lo siguiente. Cuando te cierras a recibir, le *niegas* a la gente el placer de dar. De hecho, es posible que necesites aprender a *refrenar* tus impulsos de dar en exceso. Si es así, puedes decir: «Bien, Dios, estoy a punto de hacerlo de nuevo. Permíteme relajarme, centrarme en mí y abrirme a recibir». Para algunas personas, «merezco recibir» es el cambio cósmico de muchas vidas.

¿Has sentido ese subidón de placer cuando alguien agradece de verdad un regalo que le has hecho? Incluso si un regalo no es de tu gusto, cuando lo recibes con agrado, le estás diciendo al universo que estás *abierto*. Honras al dador como una forma de lo Divino... y siempre puedes volver a regalárselo a alguien.

A medida que continúes practicando el recibir, el dinero del pasado puede regresar de maneras asombrosas. Por ejemplo, Beth recibió una nota de un abogado que decía: «Me he dado cuenta de que le cobré mil quinientos dólares más de lo que debía. Ahora, un año después, me veo en la obligación de devolvérselo». (Beth me explicó que no quería insistir en los manidos clichés sobre los abogados, pero que si alguna vez necesitaba un milagro para demostrar la existencia de Dios, era *este*).

Al abrirse a recibir, era posible corregir los desequilibrios del pasado. Dios tenía pleno permiso para traer el dinero como quisiera, y de hecho lo hizo.

TRES HERRAMIENTAS MÁS

Aquí encontrarás tres formas sencillas de ayudarte a abrirte a la Fuente Divina. Como la naturaleza de este libro es tan práctica, cuantas más formas concretas de hacer las cosas conozcas, mejor.

CREA UNA CAJA DE DIOS

Hazte con una caja, tan elegante o sencilla como quieras, para que se convierta en el contenedor divino de tus problemas, anhelos y miedos en torno al dinero (y, en realidad, sobre cualquier otro asunto). Cada vez que surja una dificultad, escríbela y mete el papel en la caja, soltándola por completo. Pide que se te muestren las acciones correctas. Si la ansiedad persiste, recuérdate a ti mismo que ahora ese asunto pertenece al cien por cien a Dios, ya que está en la caja. (Por cierto, esto es tal vez lo opuesto a un tablero de visión, ya que no le estás diciendo al universo *qué* tiene que hacer, sino que le entregas tu problema para que surja una solución sagrada). Esta simple cajita te puede cambiar la vida, ya que convierte la ofrenda en una práctica física. Cada cierto tiempo, puedes quemar o tirar todos los papeles y empezar de nuevo. ¡Te sorprenderá la cantidad de asuntos que se han resuelto!

PARTE UN COCO

El coco puede ser la herramienta más insospechada y poderosa para tranquilizar tu mente. El ritual es de la India, pero he oído que existen prácticas similares en el Caribe y otros lugares. Me gusta este ejercicio para cualquier tipo de ofrenda grande, pero especialmente cuando te sientes abrumado por algo. He partido tantos cocos a lo largo de los años (y he iniciado a tantas personas en esta práctica) que a veces me pregunto, en broma, si habrá alguna oportunidad de patrocinio con alguna empresa distribuidora de cocos.

El coco representa el apego de la mente a un problema concreto y, en realidad, si lo miras de cerca, parece una cabeza con dos ojos oscuros y una boca. Se suelen encontrar en los mercados asiáticos o en las tiendas de alimentos naturales. Una mujer que vive en la zona rural de Wisconsin me contó que estaba tan obsesionada con conseguir uno que se emocionó al ver que podía pedir un paquete de tres en Amazon.

El procedimiento es el siguiente:

Consigue uno con su cáscara dura y peluda intacta. Asegúrate de que puedes oír el chapoteo del líquido en su interior. Siéntate y medita con él, entregando a Dios toda la carga que quieras liberar. A continuación, lánzalo con saña y rómpelo. A menudo digo: «Libérame de mis cadenas, mientras lo arrojo. Toma mi ofrenda y libérame la carga. Todo te pertenece solo a Ti». Me gusta tirarlo con fuerza contra una acera o una roca, ya que la sensación de liberación que siento al verlo hacerse pedazos es profundamente satisfactoria. (Sé que algunos lo rompen con un martillo, pero para mí, la mitad del poder viene de arrojarlo). Si un asunto determinado te ha torturado siempre, podrías incluso sentirte libre en el mismo momento en que el coco se parte. Recuerdo que la primera vez que rompí uno, un peso que llevaba desde la infancia se hizo añicos y nunca volvió. (Nota: *No* guardes los trozos para comerlos. Acabas de romper el recipiente simbólico de tu antiguo problema, altamente peligroso, así que tíralo).

Yo prefiero realizar este ritual en una playa o parque, pero lo he hecho en toda clase de lugares. Se te guiará. Una vez impartí una clase en Los Ángeles en la que nos dirigimos a un callejón cercano para celebrar una ceremonia festiva de ruptura. Una mujer se entusiasmó tanto que accidentalmente lo arrojó con fuerza por encima de la valla alta de un jardín. Un momento después, la sorprendida propietaria salió tambaleándose, cargando con todos los trozos. Gracias a Dios, no resultó herida. Fue una locura incluso para Los Ángeles. Por cierto, si vives en un lugar donde no puedes conseguir uno, utiliza lo que tengas a mano. Algunos han usado un melón, un huevo o un plato viejo. Lo que importa es la pura intención de entregar en ofrenda y soltar.

HAZ DEMOSTRACIONES DE ABUNDANCIA

Esta es la tercera herramienta. Actúa *como si* fueras próspero, aunque todavía no lo sientas. Tal vez le des una gran propina a alguien, especialmente si en el pasado has pensado a menudo: «No doy mucha propina. Quizá lo haga si algún día soy rico».

En vez de eso, empieza ahora.

Empieza a dejar que Dios te use para dar.

A veces hay que dar literalmente permiso al dinero para que entre por una mano y salga por la otra.

Pero no me malinterpretes. Algunas personas van avasallando con el dinero de forma compulsiva para ocultar el profundo vacío que sienten; sin embargo, no se trata de gastar de forma imprudente. De lo que estoy hablando es de hacer una demostración de abundancia para evidenciar tu *fe*.

Cuando das a los demás, sientes: «Me resulta fácil utilizar el dinero de Dios para ayudar».

El diezmo es una forma fiable de hacerlo. Tomas el diez por ciento de «tu» dinero y pones de manifiesto: «Esto, en realidad, no es mío». (Ahora bien, podría argumentar que, de hecho, nada lo es, pero ya sabes a lo que me refiero). Cuando das el diezmo, estás diciendo: «El diez por ciento es de Dios. Le devolveré lo que se me indique».

Por cierto, un diezmo no tiene por qué ir solo a lo que te da apoyo espiritual. Algunos dan a grupos políticos, ambientales o animalistas; a un amigo necesitado; a refugios para mujeres, o a cualquier organización que sea importante para ellos. Tu propio corazón se encargará de indicártelo. Si ahora te resulta difícil, puedes rezar: «Que ocurra un milagro y me ayude a devolver dinero».

Aunque tengas poco o, por el momento, estés limitado económicamente, esto puede abrir el canal, si lo haces sin rencor. Incluso una pequeña cantidad de donaciones puede abrir la fluencia.

«Úsame, Dios, para que tu dinero pueda pasar a través de mí a los que lo necesitan».

Alguien en el curso señaló que se puede pagar un diezmo de otras formas que no sean el dinero, como el voluntariado. Y aunque no quiero restarle importancia a eso, he visto que algunas personas ofrecen generosamente su tiempo, pero siguen pensando: «Claro, me ofrezco como voluntario, pero cuando se trata de dinero, es *todo* mío». En determinados casos, es necesario entregar las monedas y los billetes en sí mismos. Entonces el diezmo puede aportar la experiencia: «Doy esto en nombre del Amor».

Incluso dar diez euros mientras la mente protesta «no lo hagas, son *míos*. Tengo miedo», puede ser transformador. Empiezas a sentir que es seguro dar. Descansas en la Fuente Divina. Te abres a una vida donde hay suficiente tiempo, dinero y amor.

Una vez escuché a una ministra decir que cuando no daba lo suficiente, Dios lo tomaba de todos modos. Quizás había pensado: «Quiero donar al fondo para los sintecho», pero luego no lo hacía, para ahorrar para una emergencia.

Invariablemente, llegaba una crisis, por la cantidad exacta que había querido donar. La batería de su coche se estropeaba, su perro enfermaba o se le rompía un empaste. Así que empezó a dar cuando se le pedía, sabiendo que el Amor se llevaría su parte de todas formas. Era mucho más fácil cooperar.

El sentimiento de culpa por ser afortunado

El diezmo es una medicina estupenda si te sientes culpable por tu buena suerte. En vez de sentirte mal, le devuelves parte de esa fortuna al Amor. De esta manera no te quedas dándole vueltas a un pensamiento como «¿quién soy yo para tener esto?», sino que estás siendo un conducto útil. Das pleno permiso para ser utilizado en el mundo divina y efectivamente para el bien.

Una meditación para dar libremente

Tómate un momento para concentrarte en tu interior. Deja que tu cuerpo se acomode. Siente que tu mente se tranquiliza.

Luego imagina una cascada de luz que se derrama a través de la parte superior de tu cabeza.

Mantén las manos abiertas y, a medida que esa cascada te atraviesa, permite que salga por tus manos. Siéntelo como una corriente natural de luz que quiere salir a través de ti y hacia el mundo.

Imagina que esta luz se eleva y entra de nuevo a través de tu coronilla. Deja que fluya formando un círculo al salir por las manos, entrar por la parte superior de la cabeza y volver a salir por las manos.

Imagínate que formas parte de esta radiante cascada de luz. Ten en cuenta que la abundancia financiera y la prosperidad son parte de esto, no están separadas. Cuanto más te veas como un vehículo para dar y recibir, más podrá venir todo lo que quiera venir, y se podrá ir todo lo que quiera marcharse.

Mantén las manos bien abiertas para recibir y bien abiertas para dar. Hazlo con suavidad. Siéntelo como un alivio. No tienes que aferrarte a nada. No hay nada que temer. Eres un receptor que recibe y da.

Vuelve a salir lentamente de la meditación. Y mantén esta sencilla imagen: tú mismo eres una cascada de abundancia, aunque todavía no lo veas reflejada en tu cuenta bancaria. No importa. Observa cómo entra y sale. Eres parte de esa cascada de luz.

ADIÓS A LA HISTORIA

Al utilizar todas estas herramientas, quizás descubras que las «películas» acerca del dinero que llevas toda una vida contándote empiezan a disiparse. De hecho, puedes entregar directamente al Amor estos cuentos desfasados. Puedes escribirlos y meterlos en la caja de Dios o colocarlos mentalmente en un coco y aplastarlos. También podrías rezar: «¡Prepárame para soltar esto!».

A veces, historias como «siempre soy una víctima» o «Dios siempre me castiga» han servido a un propósito emocional en tu pasado, o al menos, al niño interior le resultaban familiares. Sin embargo, a partir de este momento puedes empezar a decir: «No pasa nada, cariño, ya no estamos atrapados en la infancia. Ahora esta vida pertenece al Amor, ¡y todo puede pasar!».

DEJA DE TORTURARTE

Mucha gente se culpa a diario por ciertos «errores financieros» del pasado, pero a medida que te entregas a la Divinidad, es posible que también pierdas las ganas de hacerlo. Por ejemplo, dejas de reprenderte por no haber cerrado con llave el coche que te robaron hace una década. En lugar de eso, podrías decir: «Permíteme perdonarme. Haz que confíe en que cada pérdida puede ser reemplazada mientras me abro a Tu abundancia».

A medida que el peso de estos sucesos traumáticos empieza a aligerarse, machacarse a uno mismo llega incluso a resultar aburrido. «¿De verdad tengo que volver a pasar otra vez por esa misma senda llena de baches? Entrego todo de nuevo al Amor para que me muestre el camino».

Puedes decir: «Por favor, enséñame a tratarme con amabilidad en este asunto». Por ejemplo, digamos que sigues recriminándote una mala inversión. Ese rencor enconado es capaz de bloquear definitivamente el bien que quiere venir en el presente. Pero al perdonarte, te abres de nuevo al Fluir Divino, en el que cualquier pérdida puede ser seguida de una ganancia.

Además, ¿hay algún ser humano que no haya cometido errores con el dinero? Qué alivio decir: «De acuerdo, Dios, Tú sabes lo que ocurrió. Pero te entrego todos los arrepentimientos ya que solo Tú eres mi Fuente».

Así que no malgastes esta preciosa vida castigándote por el pasado. Pasa directamente a la ofrenda. Sentirás cómo el Amor te reconforta y te susurra: «Ahora compartimos esta carga. Las acciones correctas te serán mostradas».

El otro día me acordé de la famosa frase de Jesús «Padre, perdónalos, porque no saben lo que hacen» (Lucas 23: 34) y pensé: «¿Y si la utilizáramos también en nuestro interior?». Muchos nos juzgamos por errores relacionados con el dinero que cometimos cuando no sabíamos lo que hacíamos.

Así que una oración podría ser: «Me perdono a mí mismo; no sabía lo que hacía». Cuando se invoca a la Fuente Divina y se abre el canal para la abundancia, nunca se sabe lo que el universo puede traer.

Mi buen amigo Dan llevaba años recriminándose no haber invertido en el demencial mercado inmobiliario del Área de la Bahía.

—Me obsesiono tanto con ello —me confesó— que hasta empiezo a hiperventilar. Hace diez años podría haber conseguido esa bonita casa de campo en Elmwood por quinientos mil dólares. Todavía la sigo en Zillow como un acosador, y ahora cuesta un millón quinientos. ¡Qué imbécil!

Me reí y me quedé mirándolo.

—¿No te acuerdas? Por aquel entonces tenías buenas razones para no comprar. De todos modos, si tu destino fuera comprarla, lo *habrías* hecho. ¿Y si simplemente no estaba de Dios que lo hicieras?

Día tras día, Dan se sentaba en un pozo de fuego de autoculpabilidad con tanta conmiseración y remordimiento que no había espacio para nada más. Le sugerí que, puesto que se había quedado sin la propiedad, no tenía nada que perder si rezaba: «Permíteme perdonarme del todo. No sabía lo que hacía».

Sinceramente, me sorprendió que aceptara mi propuesta. Al dejar ir aquello, se fijó, por primera vez en años, en otras propiedades potenciales.

Esta oración funciona en conjunto con la Selección Divina, que afirma que ninguna persona, lugar o cosa individual es tu Fuente, únicamente Dios. No hay necesidad de preocuparse por lo que se ha perdido. Cuando restablecemos a Dios en nuestras vidas como el almacén de todas las cosas, no hay ninguna oportunidad tristemente desperdiciada. Solo un movimiento hacia el presente, donde lo que está destinado a ser tuyo llegará siempre a ti.

Meditación para el arrepentimiento financiero

Entra en tu interior un momento. Concéntrate en tu respiración. Siente cómo tu cuerpo y tu mente se asientan y se tranquilizan.

Siente la conexión con esta luz interna, esta Divinidad interior, comoquiera que imagines esta presencia. Ahora deja que te muestre un asunto de tu pasado financiero que aún te trae resentimiento. Puede que te culpes por ello, o que culpes a otros. Simplemente observa lo primero que surja, sin ningún juicio.

Luego imagina que puedes tomarlo, sea lo que sea, y soltarlo completamente en esa cascada de luz.

Di: «Límpialo. Libérame de la ilusión de que esta es mi Fuente. Permíteme perdonarme a mí mismo y a cualquier otro ser humano. Permíteme perdonar lo que sea necesario. Ya no quiero que esto me siga dominando. La propia abundancia divina es mi Fuente. Puedo perdonar el pasado. He aprendido lo que necesitaba aprender de esto, y estoy listo para liberarlo. Si hay alguna acción que aún deba realizar, muéstramela. Prepárame para liberar esto».

A continuación, deja que surja otro asunto: otra situación, persona o forma de culpabilizarse, o cualquier otro elemento que no hayas conseguido soltar –cualquier otra ilusión de no tener lo suficiente creada por tu imaginación–. Toma ese asunto y entrégalo a esa cascada radiante. Di: «Estoy listo. Ya no quiero seguir siendo cautivo de esto. La Divinidad misma es mi Fuente para todo. Permíteme perdonarme. Déjame perdonar a los demás. Si hay que hacer algo, muéstramelo. Si no, libérame».

Y luego, cuando estés listo, vuelve a emerger lentamente de la meditación. Lleva esta consciencia contigo, este sentimiento de que, sean cuales sean esos dos asuntos que acabas de contemplar, ahora pertenecen a Dios. Si empiezan a surgir de nuevo, si te vuelves a resentir o te sorprendes culpándote otra vez... simplemente vuelve a entregarlo en ofrenda.

LIMPIEZA ENERGÉTICA

*Si quieres volar, tienes que renunciar a
toda la mierda que te lastra.*

–Toni Morrison, *Song of Solomon*

En las semanas dos y tres, nos centramos en la parte externa de *saucha*, limpiando el hogar para convertirlo en un contenedor de abundancia. En la cuarta semana, pasaremos a la otra parte de *saucha*, y limpiaremos la energía interna. Pero antes de hacerlo, vamos a sumergirnos un poco más en la limpieza de la casa.

LIMPIEZA NO ES PULCRITUD

Algo que suele confundir a la gente es la diferencia entre limpieza y pulcritud. Entregar en ofrenda todas tus pertenencias al Amor no es lo mismo que tener que ser ordenado.

Entiendo que desprenderse de cosas es importante. Pero debo decirte que me molesta, porque la verdad es que no soy nada ordenado. Creo, Tosha, que tal vez eres una fanática del orden que quiere convencernos a todos de tener esos espacios superzen. A veces me gustan, pero suelo preferir el desorden.

De acuerdo, te entiendo a la perfección.

Lo admito, soy una persona muy visual que incluso se pone ansiosa cuando hay platos sucios. (Sí, los lavo justo después de cenar porque despertarme con ellos al día siguiente puede sumirme en una especie de angustia existencial). Pero esa no es la cuestión.

Respeto que alguna gente sea ordenada y otra no. Lo que importa es despejar la energía estancada y obstructiva de las cosas que ya *no quieres, usas o necesitas*. Una amiga que era profesora me dijo que, a pesar de ser ordenada por naturaleza, no podía creer las montañas de archivos viejos que había limpiado durante este proceso. Eso es frecuente.

A medida que vas limpiando, puedes sentir que la energía cambia a tu alrededor (y dentro de ti). En la medicina china, se cree que es necesario reanimar el «*chi* estancado». Esto también ocurre en los hogares.

Una vez que hayas limpiado y despejado, la forma de manejar lo que queda depende totalmente de ti. Si quieres tomar lo que queda y hacer una pocilga, pues muy bien, cariño, ¡hazlo! Mientras no tengamos que vivir juntos, te apoyo hasta el final.

QUEMANDO MIS DIARIOS

Hace muchos años, en medio de la limpieza de mi apartamento, me sentí guiada a quemar la mayoría de mis diarios. Sin embargo, me preguntaba: «¿Estoy loca? ¿Cómo puedo hacerlo? Soy escritora. ¿Y si más adelante quiero escribir unas memorias?».

Pero esta es la verdad. Cuando leí los diarios, la mayoría de ellos de mis tortuosos veinte años, me di cuenta de que eran inútiles. Eran una libreta tras otra de confusión, miedo y quejas. Además, por muy organizada que pueda ser, mi caligrafía era (y sigue siendo) como la de un médico desequilibrado, semilegible incluso para mí. Quemar ese montón de odio a mí misma fue una forma poderosa de liberar a una persona que apenas podía recordar. Cuando arrojé los diarios a la chimenea, mi corazón bailaba mientras página a página se rendían a las llamas anaranjadas.

Nunca me he arrepentido, pero no diría que *tú* también tengas que hacerlo, ya que cada uno es diferente. Tus propios diarios pueden ser tan geniales que seas la próxima Annie Dillard o Colette. Como todo, si se lo entregas a la Divinidad, *se te orientará*.

EL CONOCIMIENTO INTERIOR NOS GUÍA

Bien, ahora que tu casa va camino de convertirse en un templo, vamos a centrarnos en tu energía interior. Lo más importante para hacerlo es eliminar los cordones psíquicos innecesarios, que son cuerdas de energía que nos atan a personas y cosas que tienen una gran influencia.

Conforme te adentres en este reino interior, haz caso a tu intuición. Probablemente, a medida que vayas limpiando tu casa te sientas más cómodo siguiendo la *spanda* y esa habilidad la puedes aplicar también dentro de ti.

Cuanto más entregues en ofrenda, más capaz serás de «escuchar» tu interior y menos te importarán las reglas convencionales. Empezarás a recibir lo que necesitas desde el *interior*. Te animo a que sigas ajustando estas prácticas para que se adapten a tu propia mentalidad.

De hecho, cuanto más entregues, más empezarás a confiar en... *ti*. Yo te ofreceré pautas, pero tu propia autoridad guiada por la Divinidad interior saldrá a la luz. Con suerte, al final de este proceso, ese conocimiento silencioso será más fuerte que nunca.

TERMINAR LA GUERRA INTERIOR

Mi amiga Carlotta tiene tanto miedo de todo lo que come que recorre la tienda de alimentos saludables con su péndulo de madera, examinando minuciosamente cada cabeza de coliflor o cada barrita de algarroba. Como tengo un cuerpo sensible, lo entiendo. Por otro lado, se dice a sí misma constantemente las cosas más espantosas y despreciables, flagelándose con un látigo mental de la mañana a la noche.

Para mí, esas palabras terribles que nos decimos a nosotros mismos pueden tener una toxicidad *muy superior* a lo que consumimos. Con el tiempo, a través de la ofrenda y la limpieza, la guerra interior puede cesar.

Se trata de un cambio de régimen que solo puede producirse desde dentro. El déspota interior de la dureza y la autoculpabilidad es depuesto paulatinamente, y te liberas para siempre de su reino de terror. Una manera de ver la vida más relajada y comprensiva está en camino.

CORDONES Y CHAKRAS

Curiosamente, muchas de las creencias financieras que nos tiranizan ni siquiera son nuestras. Por ejemplo, podemos tener algunas que nuestra madre sintió mientras estábamos en el útero. Las absorbemos por una especie de ósmosis, y forman cordones psíquicos que nos mantienen cautivos. Estos «lazos que atan» nos hacen sentir atrapados e impotentes.

Podrías sentirte muy atado por un lazo psíquico. Ciertas actitudes sobre el dinero, como «nunca tendré suficiente», quizá sean simplemente cuerdas de tus progenitores o de tu cónyuge. Por ejemplo, si tu padre tenía una crisis financiera tras otra, es posible que hayas heredado el mismo patrón. Pero quitarte de encima ese lazo te devolverá la cordura, o al menos tu *propio* destino, para que no sientas que debes revivir el *suyo*.

Por lo general, nadie ató esas cuerdas con la intención de hacer daño, aunque por supuesto cabe la posibilidad de que en algunas ocasiones, sí. A menudo se trata simplemente de las creencias limitantes de alguien o de una herida que se ha quedado en tu interior como un parásito.

La gran noticia es que puedes deshacerte de estas amarras. Las limpiaremos de la misma manera en que limpiarías una habitación desordenada, y luego te devolveremos al presente, a tu *propia* relación sagrada con la Fuente Divina.

Pero primero tenemos que hablar de los chakras, los centros de energía situados a lo largo de la columna vertebral, ya que es ahí donde se unen los cordones. Tenemos (al menos) siete, con el primero en la base de la columna vertebral y el último en la coronilla. Para los fines de nuestro proceso, nos centraremos principalmente en los tres centros inferiores, todos ellos relacionados con la seguridad. En general, he descubierto que es ahí donde se sujetan las cuerdas más virulentas.

Podrías tener a alguien enganchado al chakra de la tierra, en la base de la columna vertebral, o al segundo chakra, el centro de la supervivencia y la creatividad justo debajo del ombligo. O bien conectado al chakra del poder, en el plexo solar. O quizás a los tres. Con un poco de práctica, serás capaz de percibir qué chakras están enganchados a las heridas y los miedos de otra persona, o incluso a una vida pasada.

Alix estaba conectada al horrible trauma del suicidio de su padre, que ocurrió cuando ella tenía diez años. Aunque había recibido años de terapia, a menudo se sentía como si estuviera atrapada en ese suceso. Después de algunas repeticiones de la meditación que vamos a hacer, fue capaz de cortar el cordón con su padre en su segundo chakra y, por fin, ponerse en pie. Esto la liberó para estar completamente en el presente. Ahora bien, no es necesario que te pongas paranoico con las cuerdas, porque una vez que eres consciente de ellas, en realidad no son difíciles de eliminar. Aunque la limpieza puede hacerse en torno a cualquier tipo de asunto, aquí nos centraremos específicamente en las finanzas. Esta meditación te guiará.

Meditación del cordón

Espero que hagas esto varias veces durante las semanas restantes. Probablemente te surjan más de una persona o situación, pero fíjate en cuál es la primera que se presenta.

Concéntrate en tu respiración y deja que tu energía descienda hacia el interior. Siente cómo la tierra te sostiene y tu mente se serena.

Permítete sentir, burbujeando en tu ser, a alguien con quien estás unido en lo que respecta al dinero. Podría ser una pareja, uno de tus padres o alguien de tu pasado, cualquier persona cuya perspectiva sobre el dinero has estado albergando en tu cuerpo.

Incluso puedes notar dónde la guardas. Quizá veas que la cuerda se ata a ti por debajo del ombligo o en la base de la columna vertebral. Puede que la veas unida a tu centro de poder, en tu plexo solar. Confía en lo que te llega. Escoge a la primera persona que aparezca.

Y dile: «Ahora estamos completos. Estoy volviendo a conectar con el dinero de Dios. Tengo mi propia conexión sagrada con él, y la recupero completamente, porque merezco vivir en un estado de abundancia. Merezco confiar en que tendré lo suficiente. Merezco el bien. Merezco ser un vehículo de abundancia. Ahora estoy extrayendo este cordón. Lo saco de mi cuerpo y te lo devuelvo».

Elimínalo como más fácil te resulte. Podrías arrancarlo, quemarlo o cortarlo.

Puedes darle las gracias a esa persona; incluso desearle las mayores bendiciones. Y decir: «Estamos completos. Este cordón ya no está dirigiendo mi vida. Ahora tendré mi propia relación con la generosidad de Dios. Soy libre para ser un vehículo para el bien de Dios».

Quienquiera que hayas encontrado en esta primera ronda es primordial. Por eso apareció. El simple hecho de soltar ese amarre puede hacer que te sientas más presente en tu propio cuerpo. Estás empezando tu propia relación con el dinero de la Divinidad en lugar de vivir la suya.

Ahora, vuelve a tu interior. Solo verás una imagen. Podría ser un acontecimiento de esta vida, o de una vida pasada. Tu psique te mostrará un suceso del pasado al que estás atado, uno que te mantiene en un lugar de miedo o escasez. Si recibes muchas imágenes, no pasa nada; simplemente toma la primera que venga y vuelve a las demás más tarde, utilizando esta misma técnica.

Esta imagen principal puede ser algo que haya sucedido, o algo que te dé miedo, o incluso un recuerdo. Deja que surja y se desarrolle, sea lo que sea. Una vez más, siente el cordón energético que te une a ella. Se disolverá cuando finalmente cortes el cordón o lo quemes y digas: «Este recuerdo ya no es mi realidad. El poder de Dios es más fuerte que este sueño». Siente que lo sueltas, como si vieras un globo volar en el cielo. Mira cómo se va. Ya no decide lo que es posible y lo que no. Ya no es tu historia. Has cortado el cordón y has hecho espacio para que el Amor traiga lo que es necesario.

Siente la liberación del cordón que te ataba a esa persona e imagen primordiales. Si alguna vez intentan volver a unirse, puedes apartarlos de un manotazo. Ya no estás disponible.

Y entonces, vuelve por una última vez a tu cuerpo para decir: «Me es fácil recibir. Es fácil recibir el plan Divino más elevado y convertirse en un vehículo para el bien».

Luego, cuando estés listo, vuelve a salir lentamente de la meditación, recordando todo lo que ocurrió.

RECLAMA EL PODER

Es posible que a algunos les baste con una meditación del cordón para sacar al sujeto principal que está bloqueando su camino. Pero en otros casos te encontrarás con una verdadera multitud en los tres chakras inferiores: varias personas cuyas creencias sobre el dinero aún te mantienen atrapado. No importa. Simplemente vuelve cada día y sigue limpiando durante el tiempo que necesites. Después de hacer esto, es conveniente beber mucha agua y descansar, si es necesario.

Ten en cuenta que ningún cordón puede permanecer atado a ti sin tu *permiso*. El primer paso es simplemente tomar conciencia. Una vez que adquieras la práctica de detectarlos, se volverán mucho más visibles. Ni siquiera será imprescindible que estés en meditación.

Por ejemplo, en un día complicado, podrías estar caminando y pensando —una vez más— que nunca, jamás, tendrás suficiente. Entonces, de repente, sientes un tirón en tu segundo chakra. Tal vez incluso veas una imagen fugaz de tu hermana. De repente, te viene a la consciencia: «Vaya, siempre he llevado su miedo aquí. Estábamos tan unidos que lo absorbí todo».

Y te lo quitas de encima.

Por favor, ten cuidado al eliminar esto, especialmente al principio. Aunque es un proceso sencillo, es posible que en un primer momento te sientas un poco cansado o disperso. Después de todo, la energía psíquica de alguien puede haberte cautivado desde siempre, y ahora estás diciendo: «No más. Se acabó la fiesta». Pero no olvides que los cordones son un fenómeno natural, y que simplemente estás reclamando tu propia energía. Incluso puedes enviar a las otras personas amor, bendiciones o agradecimiento mientras te separas.

Al hacerte más consciente y presente, te diriges a cada cordón con paciencia y amor. Los vas arrancando a medida que los encuentras. Con un poco de práctica, se convierte en algo natural. No es un gran problema. Puede que de vez en cuando vuelvan, pero no te preocupes. Por ejemplo, un día puedes encontrarte con una ola de miedo financiero, pero luego te das cuenta rápidamente: «¡Vaya!, he vuelto a engancharme. He retomado el miedo de mi familia, pero como no es mío, lo libero con gratitud».

Con estas herramientas, ya no estarás a merced de los pensamientos de escasez. Con el tiempo, tomarás la decisión de alinearte con la *verdad* en lugar de con las falsedades. Mentiras como «nunca conseguiré lo que necesito. Jamás podré recibir. Siempre tendré envidia» perderán su poder. Sencillamente, te darás cuenta de cuándo caes en los viejos patrones y regresarás con gratitud a la verdad.

La oración de cambio de la abundancia plena lo dice todo.

> *Transfórmame en alguien que pueda amarse, perdonarse y aceptarse plenamente a sí mismo para que pueda llevar Tu Luz sin restricciones.*
> *Deja que todo lo que necesita salir de mi vida se vaya.*
> *Deja que todo lo que tiene que venir, venga.*
> *Soy totalmente Tuyo.*

Algunos ejemplos

Los cordones pueden afectarte físicamente de una manera sorprendente que nunca hubieras imaginado. En ocasiones, cortarlos supone un intenso alivio.

> *¡Esto es tan poderoso! Ya he cortado cordones muchas veces, pero nunca ha sido así.*
> *Cuando yo tenía unos nueve años, mi tío se vino a vivir con nosotros, y poco después empecé a tener un terrible dolor lumbar.*

Ningún examen médico podía explicar la razón. Así que hoy, cuando vi quién estaba atado a mí, por supuesto que era mi tío. El cordón iba desde la parte delantera de la pelvis, pasando por el perineo, hasta la parte baja de la espalda. El dolor me quemaba por dentro.

Corté la cuerda, desprendiéndome de la profunda sensación de escasez de mi tío, y entonces mi dolor desapareció. Nunca habría relacionado las dos cosas de no haber vivido esta experiencia de primera mano.

Soltar las cuerdas también puede ayudar a liberarse del miedo que arrastramos de generaciones de sufrimiento. Es habitual que alguien de tu infancia permanezca en uno de los tres centros inferiores y recree sus ansiedades en tu propia vida.

Mi madre, de origen chino, creció siendo la menor de ocho hermanos, y dormía con cuatro niños en una cama y otros cuatro repartidos por el apartamento. Su padre murió cuando ella era pequeña, y mi abuela, que no hablaba inglés, se quedó al cuidado de los niños. Todos crecieron con hambre y miedo. Sin embargo, a medida que voy soltando estas cuerdas que me atan a mi madre y mi abuela, voy recuperando mi propio sentido del poder en todos los ámbitos, incluido el del dinero. Siento una enorme compasión por lo que vivieron, pero sé que estoy aprendiendo una forma diferente de ser que se vuelve más fuerte cada día.

Parte de esta eliminación del cordón umbilical es francamente divertida. Esto, por ejemplo, me hizo reír:

*Acabo de hacer la meditación para cortar el cordón, por prime-
ra vez. La persona que solté fue mi exmarido, que en realidad
sigue siendo un buen amigo. Tenía una antigua deuda con él que
llevaba pagando desde nuestro divorcio hace cuatro años, pero
tu curso me convenció de que debía eliminar todo lo demás. Así
que me pareció adecuado cortar el cordón.*

*Pero fíjate en esto. Nada más terminar, abrí Facebook y me
encontré con que había cambiado su foto de portada. Antes
tenía una foto de los dos, pero ¡ahora me había recortado! Al
principio me sentí insultada, hasta que vi que lo había hecho
precisamente durante la meditación. ¡Guau!*

Sí, efectivamente, una persona intuitiva puede sentir
que te has desvinculado de ella. Es posible que sigas ado-
rándola y cerca de ella, pero no estarás atado de una manera que limite tu libertad y tu lucidez.

Saber cómo quitar las cuerdas es como contar con
una espada sagrada en tu caja de herramientas. Aun así, es
posible que de vez en cuando necesites ayuda para impe-
dir que las más «correosas» vuelvan a aparecer. En el caso
de que esto ocurra, siempre puedes llamar a una entidad
como el Arcángel Miguel con su sable de luz para que haga
el trabajo sucio. También el Señor Ganesh, el eliminador
de obstáculos, o Kali, la diosa de la Muerte y el Renaci-
miento, pueden pulverizar estas cuerdas. Si necesitas la
ayuda, no dudes en invocarla.

VIDAS PASADAS

Tal vez creciste en una familia en la que había suficiente, pero aun así te asustas a menudo por el dinero. A mí también me desconcertaba esto hasta que empecé a reflexionar sobre las vidas pasadas. Cuando se amplía el rango de influencia más allá de la encarnación actual, muchas cosas cobran sentido, entre ellas preguntas como: «¿Cómo fue capaz Mozart de componer un concierto completo para piano a los cinco años?» o «¿Cómo pudo Juana de Arco liderar un ejército siendo una simple adolescente?».

Así que no solo el talento y las habilidades se transfieren; muchos miedos y fobias, incluidos los relacionados con el dinero, pueden emanar de los recuerdos e impresiones de esas vidas pasadas. Tal vez en otra época murieras a causa de la peste bubónica en Europa o lo perdieras todo en un terremoto en el Tíbet. No es posible saberlo.

O tal vez sí.

Una vez alguien me llevó a una regresión a vidas pasadas en la que vi con claridad diáfana una vida durante el período Edo* en Kioto, Japón, en la que había sido una *geisha* pobre. La visión fue tan vívida que sentí el miedo como si todo hubiera sucedido ayer. Mientras algunos occidentales podrían imaginar una vida refinada de comida exquisita y kimonos, yo sentía una constante desesperación económica en medio de la belleza. Para sobrevivir, estaba totalmente a merced de encontrar un generoso *danna*, o señor, que me pagara la comida y la ropa.

---

* N. del T.: El período Edo, también conocido como período Tokugawa, es una división de la historia de Japón, que se extiende desde 1603 hasta 1868.

Comprendí que las preocupaciones económicas que me habían perseguido la primera mitad de esta vida procedían en parte de aquellos días de Edo. Eso también explicaba por qué siempre me había sentido tan profundamente identificada con la estética y la cultura japonesas.

Sobre el sacrificio y la pérdida

En cierto sentido, se podría decir que aprendemos a soltar gracias a la decepción y la desgracia. La verdadera ofrenda es una invitación apasionada y directa para que el Amor se haga cargo y traiga su propio plan en lugar del ego.

Y la verdad es que a veces resulta insoportablemente doloroso. Te sientes como si Ella estuviera arrancando de tu vida todo lo que debe desaparecer: las ilusiones, las obsesiones, las adicciones... a menudo sin anestesia.

Por eso me encanta verlo todo como un sacrificio al Amor.

En la India, los sacerdotes védicos hacen magníficas *yagnas*, o ceremonias de fuego sagrado, donde ofrecen oraciones a las deidades que las presiden, como Lakshmi, Kali y Ganesh. En diferentes momentos, se echa al fuego *ghee*, leche, arroz, cúrcuma y flores de colores. En lugar de solo arrojar tu problema a la Divinidad, también estás dando algo a cambio.

Podemos ver la vida de la misma manera.

Mi buena amiga Chris Northrup estaba en Argentina hace unos años cuando alguien se acercó y le arrancó del cuello un preciado collar de diamantes. Como es lógico, se sentía muy afectada. Pero cuando me lo contó, no pude evitar decirle: «Chris, estás en un momento decisivo. Sabes que estás dejando atrás muchas cosas que ya no necesitas. Tal vez Kali acabe de cobrarse un sacrificio para la nueva etapa que se abre y todo sea una bendición increíble. ¿Quién sabe lo que Ella puede traerte en su lugar?».

No sabía cómo iba a responder Chris. Pero se estremeció al reconocerlo y se sintió inmediatamente aliviada por la «desgracia».

Incluso en las mayores catástrofes, estas ideas de ofrenda y sacrificio pueden aportar un enorme consuelo y ayuda.

Soy uno de los muchos que han perdido su casa en los incendios del norte de California. También soy uno de los empresarios que perdieron la mayor parte de sus ingresos porque mis clientes también se vieron afectados. Sin embargo, de alguna manera, he salido adelante económicamente. Fue un milagro que consiguiéramos la ayuda de la FEMA y un par de subvenciones. Luego, nuestros amigos iniciaron una página benéfica y conseguimos un préstamo empresarial a bajo interés para ayudarnos a reconstruir.*

Pero incluso con todos estos regalos, me he sentido aterrado y desconcertado. Ahora me doy cuenta de que se trata más bien de perder un constructo del ego..., el ser que creía que era.

Así que te agradezco el concepto de sacrificio. Si puedo ver la devastación como esto y bendecirla, me siento lleno en lugar de vacío. Si la catástrofe puede ser un sacrificio, sé que soy parte de algo más grande. Habiendo pasado por todo esto, me encanta

---

* N. del T.: Agencia Federal para el Manejo de Emergencias.

el recordatorio de dejar que la abundancia divina venga a través de mí, en lugar de creer que todo es mío.

LIBERAR LOS MIEDOS AL DINERO

Para esta última sección sobre la liberación de los miedos relacionados con el dinero, permíteme compartir algunas cartas de gente que está pasando por esta semana particular del proceso. Es posible que te identifiques con algunos de los temas.

EL DESASTRE DEL ORDENADOR

Mi hijo derramó agua sobre mi flamante MacBook, y a la mañana siguiente, cuando lo encendí, no se apagaba. Pánico total. Cuando lo llevé a Apple, me dijeron que probablemente se trataba de la placa base y que me avisarían. Podría costar nada... u ochocientos dólares.

Por primera vez en mi vida, decidí entregárselo totalmente a Dios, y que fuera cual fuera el resultado, estaría bien. Cada vez que llegaba la preocupación, me recordaba que era de Dios. Imagina mi emoción cuando cuatro días después me dijeron que no costaría nada. ¡Muchas gracias por ayudarnos a pensar de esta manera!

Lo siguiente trata sobre entregar en ofrenda incluso mientras esperas que las cosas se arreglen.

DESCANSAR EN EL CENTRO

Esto es una locura. He seguido todos los pasos a diario, y aunque sigo estando sin dinero, ¡no paran de aparecer nuevas oportunidades! Me siento más tranquilo que desde hace años.

Nunca en mi vida he experimentado facilidad con el dinero. Para mí, tener actualmente poco y aun así sentirme relajada es increíble. Estoy aprendiendo a estar simplemente «en el medio», cuando el cambio está ocurriendo, pero todavía no he llegado al otro lado.

Quizá estés pasando por una situación similar. Es posible que te pongan a prueba a veces, cuando el dinero no deja de salir, hagas lo que hagas. Quizá te entre y, tal como entra, vuelva a salir. No te asustes. El universo podría estar sencillamente haciendo que te sientas a gusto siendo un conducto. Más adelante, el dinero podrá acumularse.

Bien, una historia más sobre los miedos financieros.

SE COMETIERON ERRORES

Recientemente, hubo un error en la contabilidad de mi negocio personal, y recé para que me ayudaran, sabiendo que esto podría finalmente resolver mi ansiedad por el dinero. Terminé rogando protección para que el error no se descubriera.

Pero me encanta tu enfoque de no considerar el dinero como propio. Si el dinero no es mío, ¿por qué habría que pedir protección? ¿Solo es importante perdonarse a uno mismo por el error?

La ofrenda nos hace pasar diestramente de un estado de consciencia de «me ha sucedido una cosa terrible. ¡Por favor, ocúltala!» a otro en el que nuestra postura es: «Te entrego esto a Ti. Muéstrame las acciones correctas». Y la diferencia se nota.

Puedes entregar de todo corazón un error y decir: «Bien, Dios, Tú sabes lo que ocurrió. Tú eres el proveedor de todo. Te entrego todos los temores sobre este error. Que todo ocurra para lo más Elevado según Tu Voluntad».

Y sí, tienes razón. Nunca, nunca te puedes equivocar al perdonarte a ti mismo… o a cualquier otra persona.

Cuando no pasa nada

Tal vez al final de esta semana alguien diga: «¿Sabes?, estoy utilizando las herramientas y escuchando estas increíbles historias, pero todavía no me ha ocurrido nada. ¿Qué fallo estoy cometiendo?».

Ninguno. Simplemente relájate y continúa con los pasos.

Si sientes la necesidad de hacer más, profundiza en la ofrenda. Busca otro rincón de tu casa que limpiar. Tal vez podrías realizar otra meditación del cordón. Sigue repitiendo la oración de cambio de la abundancia plena y di: «Me es fácil recibir». Haz una o dos demostraciones de abundancia, crea una caja de Dios o parte un coco.

Algunas personas están tan apegadas a la idea de que están haciendo algo mal que eso es lo que sienten, independientemente de lo que hagan. Miran a su alrededor, pensando: «Vaya, todos los demás lo han entendido. ¿Por qué yo no puedo?».

Simplemente bendice y libera todo eso.

Una parte de la ley de la selección divina es el tiempo Divino. Significa que todos los retrasos son beneficiosos, lo veamos o no. A medida que te relajes en una actitud de apertura, las cosas sucederán en el momento oportuno con facilidad sorprendente porque todo está en el reloj de Dios.

Cada uno avanzará en este proceso a su propio ritmo porque está en un camino único y sagrado trazado por la inteligencia de su propia alma. A algunos, estas primeras semanas quizá les hayan traído el alivio de una mente más tranquila y un hogar más limpio. Sin embargo, aparte de eso, puede que no veas nada más.

Pero entonces —y he visto esto una y otra vez— de repente, dos o tres meses después, zas. Un cambio extraordinario puede surgir de la nada... porque estás preparado. Floreces en tu propio tiempo. Así que concéntrate en este momento. Estás construyendo un contenedor para la abundancia.

Por hoy, estas dos preguntas son suficientes: ¿qué te sientes guiado a limpiar? y ¿qué estás soltando?

El niño interior olvidado

Adultos... es una palabra que significa niños obsoletos.
–Dr. Seuss

En la quinta semana, mientras sigues haciendo los pasos y cortando cuerdas, vamos a abordar una pieza crítica, a menudo olvidada, de la historia de la abundancia: tu niño interior. Nos conectaremos profundamente con él porque a menudo es la fuente de muchos, muchos miedos financieros.

Escuchar al niño

Claude estaba agradecido de haber crecido en el seno de una familia que había cubierto generosamente todas sus necesidades durante la infancia. Pero lo que de verdad quería era que alguien lo mirara a los ojos y le dijera: «Cuéntame lo que has hecho hoy; me encantaría saber cómo estás. Tengo todo el tiempo del mundo para ti». De niño, eso no le había pasado nunca y, a medida que crecía, le costaba creer que alguna vez sucedería.

Con el tiempo, vio que podía seguir irritado por la situación, cosa que hace mucha gente (tienen cuarenta años y están indignados por lo que ocurrió cuando tenían tres), o podía empezar a darle él mismo a ese niño lo que necesitaba. Para su sorpresa, descubrió que su niño interior estaba encantado de recibir amor y atención.

Al final, tú eres el único que puede hacerlo. Eres tu propio salvador. Seas quien seas, tu niño interior te está esperando. Al igual que Claude, durante mi infancia yo también sentía a menudo que nadie me escuchaba. He aprendido a decirle a esa chica tímida y solitaria: «Cuéntamelo todo. Te escucharé todo el tiempo que quieras. No me voy a ir de aquí y no tengo ninguna prisa». Esas siguen siendo sus palabras favoritas en el mundo: «Te escucharé todo el tiempo que quieras. No hay prisa».

En el mundo ajetreado en que vivimos, con la gente desquiciada por hacer mil cosas a la vez, ¿cuántas personas te dirán sinceramente eso? «Tómate el tiempo que necesites. Te prestaré toda mi atención». Incluso las parejas que se aman suelen intentar ponerse al día rápidamente mientras realizan otras tareas.

Ofrecer a alguien toda tu presencia es un regalo extraordinario. Y qué gusto brindar eso a tu propio niño interior. A veces, la mía ha querido que escriba todas sus palabras, como si estuviera haciendo un dictado. He descubierto que esto es mucho más importante para nuestra relación que comprarle cosas.

Me encantan los objetos bonitos, pero cuando alguien tiene una compulsión por las compras (o, de hecho, cualquier otra obsesión), normalmente tras ella subyace un hambre más profunda. Esto no se resuelve con azotes o reprimendas. Al entrar en comunión con ese niño, acabarás convirtiéndote en su mejor aliado.

Meditación para la comunión

Primero, sacude las manos y los dedos. Sacude las piernas. Sacude tu energía. Suelta cualquier problema del día y vuelve a llevar la energía a tu interior.

Concéntrate en tu respiración y siente cómo se asienta tu cuerpo. Permítete relajarte en la tierra. Siente que tu mente se calma.

Imagina una fuerza de amor en tu corazón. Puedes ver una deidad, una diosa o simplemente la luz, pero siéntela dentro como tu propio Gran Ser. Incluso cuando te olvidas, su amor permanece. Siempre está ahí.

Luego, invita a ese niño pequeño a tu corazón. Fíjate en su edad. Puede tener tres años, seis o diez. O quizá incluso sea mayor. Déjale entrar. Hazle saber que vas a hacer una pequeña meditación para que empiece a sentirse escuchado y visto. Préstale, de verdad, toda tu atención.

Algunos lo sentirán como un gatito salvaje que ha estado encerrado en un armario durante mucho tiempo y es muy reticente. En el caso de otros, saltará a la vista y lo verán enseguida. Puede ser tímido, o bien juguetón y bullicioso.

Simplemente siente que eres su cuidador sagrado y que es un gran honor darle por fin el tiempo y la atención que anhela.

Ahora te dirá, o te transmitirá de alguna manera, lo que quiere de ti en este momento. Quizá desee meterse en tu regazo y acurrucarse. A lo mejor tiene ganas de hablar, o puede que solo quiera sentarse y mirarte. Te lo hará saber.

Deja que te lo diga: ¿tiene miedo de algo en este momento? ¿Qué le pasa? Dale espacio para que te hable de ello, sin juzgarlo ni ser condescendiente. Solo estás escuchando. O tal vez lo abraces. Deja que te cuente sus miedos.

Y siente que estás permitiendo que una parte sabia y clara de ti mismo consuele y tranquilice a este niño. Le estás haciendo saber especialmente que todas las finanzas se entregan ahora a la Divinidad; estás aprendiendo una manera diferente de ser. Le estás haciendo saber que a partir de este momento te ocuparás de él, lo escucharás, le reconfortarás.

Y todas sus necesidades serán satisfechas.

Tómate unos instantes y permanece ahí, sin hacer nada. Si necesitas decir algo más puede que desconfíe o no esté tan seguro *de ti; asegúrale que, a partir de ahora, en comunión con la Divinidad, estarás presente. Hazle saber que está bien sentir lo que siente en este momento.*

Incluso podría mostrar un rencor de la infancia o algo más reciente. O estar enfadado contigo por haber desaparecido todos estos años. Comprueba si hay algo que le molesta. Escúchalo y hazle saber que no hay nada malo en sentir cualquier cosa que esté sintiendo, pero que está llegando un momento diferente, en el que sus necesidades serán finalmente satisfechas. Puede que tengas que disculparte por haber estado «ausente» durante tanto tiempo.

Sea lo que sea, asegúrate de que has tomado un nuevo rumbo y estás decidido. Pero que puedes esperar el tiempo que necesite para llegar a confiar en ti. No hay prisa. Y, sobre todo, hazle saber que todas las finanzas estarán ahora en manos de tu sabio Ser, por lo que no tendrá que preocuparse por ellas.

Hazle una promesa que cumplirás: lo que él quiera, por más pequeño o grande que sea.

Y luego, cuando estés preparado, vuelve a salir lentamente de la meditación. Dedica unos minutos a escribir lo que ha pasado.

HACERSE AMIGO DE ESE NIÑO

Algunas personas viven la vida como una rabieta continua, que proviene de ese pobre niño abandonado. Esto no afecta solo al dinero, sino a todos los aspectos de la vida. Cuando miras en tu interior, a menudo ves que el que está enfadado, solo o desesperado no es ni siquiera tu parte adulta. Es esa parte abandonada que llora pidiendo amor. ¡Cómo cambian las cosas cuando empiezas a cuidarlo!

Mi niña interior se siente a menudo como una mártir del dinero, igual que mi madre. ¿Cuál es la mejor manera de abordar esto?

Primero, hay que deshacer el cordón con la madre para que no se vuelva a crear su patrón emocional. Entonces, la conexión con ese hijo atormentado puede sanarse y fortalecerse. Puedes asegurarle que se merece tener sus propias necesidades y que lo ayudarás a decir que no. Todo mártir necesita aprender límites saludables.

Con el tiempo, aprendes a dejar de identificarte como ese niño perseguido que alterna entre la impotencia y la furia, y te conviertes en el adulto amoroso que lo cuida. Con la práctica, podrás convertirte en su guardián comprensivo.

Esta custodia surge de manera natural, como una flor, y después de un tiempo te sorprenderá cómo cambian tus emociones. El niño empezará a sentirse escuchado y, al final, dejará de reclamar constantemente tu atención. Incluso si descubres que, tras años de abandono, tu niño interior se ha rendido y se encuentra aletargado en un estado de abandono, no te preocupes. Ninguna situación es irremediable. La Divinidad puede trabajar con cualquier circunstancia.

La idea del niño interior no es nueva; muchos terapeutas y modalidades de curación la han abordado durante décadas, remontándose a Carl Jung y John Bradshaw. Pero una cosa es saber intelectualmente que tengo a este pequeño en mi interior que requiere atención y otra muy distinta es comprometerse de lleno a cuidarlo.

Mucha gente trata a ese niño con una actitud impaciente de fastidio: «¿Por qué no creces de una vez? ¿Qué te pasa? ¡Espabila!». A menudo, le hablan como les hablaron a ellos durante su niñez. Pero hay otra manera de hacerlo: tratarlo con paciencia y amor.

Es una actitud que se puede aprender, sobre todo con la ayuda de la Divinidad. Si el niño no está recibiendo de ti el amor que pide, ninguna cantidad de atención externa o de mimos servirá. Incluso la mejor pareja o el mejor amigo solo pueden complementar lo que tú le das en tu interior. El principal escudo protector de ese niño tierno y expectante eres tú.

Y no se trata de reprimirlo, sofocarlo o decirle que se ponga las pilas y deje de portarse como un niño.

Se trata de adoptar una actitud interior de bondad y compasión.

EL NIÑO ES UN COMPRADOR COMPULSIVO

A medida que te conviertas en un aliado de este pequeño, descubrirás cómo actúa cuando está asustado o se siente solo. Gastar en exceso puede ser una de esas tantas maneras de actuar.

Una parte de mí quiere comprar constantemente ropa y accesorios, pero si no volviera a comprar nada de eso, seguiría teniendo mucho. Se me ha ido de las manos. ¿Cómo puedo frenarlo?

La niña que llevas dentro se convierte en el centro de atención comprando toda esa ropa y todos esos accesorios solo para calmarse. Cuando empiece a protestar, en lugar de ceder, prueba a decirle: «Sí, vamos a comprar algo, pero también quiero empezar a dedicarte tiempo y atención». Con el tiempo, dejará de intentar llenar el vacío de esa manera.

En lugar de castigarla o reprenderla, es mejor hablar con ella y llegar a un acuerdo. Un padre que de verdad quiera a su hijo de cinco años seguramente no le diría: «¡Oye, vete corriendo a esa tienda y cómpratelo todo! Nos vemos en la caja registradora», sino más bien: «Busca una o dos cosas que te gusten mucho». De hecho, la mejor forma de criar a la mayoría de los niños es imponerles cariñosamente ciertos límites.

Si se ha sentido siempre abandonada, podría decir: «¿Por qué no puedo tenerlo todo? Está claro que no recibo ningún tipo de amor o atención por tu parte, así que, por lo menos, ¡regálame un millón de cosas!». Ayudarla a sentirse segura y escuchada es lo que lo cambia todo.

Estoy gastando más de lo que gano, y es una situación inviable. Estoy desesperada por pasar de ser una niña asustada a una adulta madura en lo que respecta a las finanzas.

Siento una tremenda sensación de escasez cada vez que pienso que no puedo tener lo que quiero. Si soy capaz de controlarme durante un tiempo, lo único que consigo es terminar gastando como una loca. Y entonces me entra el miedo a no poder controlarme.

Estoy harta de tener este problema y de oscilar entre la vergüenza y el pánico intensos.

¿Cómo hago para dejar de castigarme por todos los terribles hábitos financieros que he adoptado?

En realidad, es habitual que el niño haya tomado decisiones financieras desastrosas. Ocurre a menudo. El primer paso es el perdón. Es muy poderoso decir: «Escucha, quiero perdonarte por el pasado, porque no eres más que un niño. Tenías miedo. ¿Cómo ibas a saberlo? Pero a partir de ahora, Dios y yo manejaremos el dinero». Si no consigues dejar de echarle la culpa, reza para tener la capacidad de dejar de hacerlo.

Esto es lo maravilloso de la Fuente Divina. A las pérdidas pueden seguir las ganancias cuando sabes que Dios es el origen y el dueño de todo. Puedes dejar de castigar al niño por el dinero perdido hace dos décadas. En su lugar, piensas: «Está bien, lo hecho, hecho está. Ahora, por fin, estoy aprendiendo a cuidar del niño y a entregar todas las finanzas a Dios para que las maneje».

CUIDAR AL NIÑO

Para algunas personas, la simple idea de empezar a cuidar del niño es formidable. Una oración de cambio puede ayudar: «Querido Dios, muéstrame el primer paso para quererlo. Prepárame».

Olga admitió que sentía una total repugnancia por la tarea. Le enfurecía tener que aprender a cuidar ese lado blando y vulnerable. ¿Por qué no podía venir otro a hacerlo por ella?

Pero el exterior refleja lo que hay dentro. Hasta que ella no estuviera dispuesta a reclamar y cuidar esa parte abandonada, nadie más podría hacerlo. Le sugerí que, en lugar de culparse a sí misma por estar enfadada, sacara la rabia físicamente haciendo ejercicio o rompiendo algo. Para Olga, este fue el primer paso hacia una conexión interior amorosa.

En realidad, una de las mayores sorpresas puede ser cómo la ternura interior y el amor por el niño llegan a ser una puerta consumada hacia lo Divino. Muchos dirán: «No tengo conexión con Dios, me he sentido abandonado y despojado desde siempre». Y yo les respondo: «No te preocupes por eso ahora. Tan solo concéntrate en ese niño y cuídalo».

Y entonces ocurrirá el más fabuloso de los milagros.

Pronto comprenderán que el amor incondicional y el perdón que vertían a ese niño abandonado venían en realidad directamente del Señor interior. El niño era un camino inmediato y poderoso hacia la unión.

TU PERRO INTERIOR

Si, por la razón que sea, no te sientes identificado con la idea del niño interior, quizá te vendría bien probar esta otra herramienta.

Cuando hablabas de cuidar al niño, me di cuenta de la resistencia que tengo al trabajo con el niño interior.

... Lo que empecé a hacer en lugar de eso es trabajar con mi animal interior, o lo que he llegado a llamar el perro callejero de mi corazón.

Me vi a mí misma, claramente, en este chucho que apareció buscando comida, agua y una cama cómoda junto a la chimenea. Me di cuenta de lo fácil que me resultaba proporcionarle estas cosas con cariño. Necesitaba que se lo elogiara por su lealtad y valentía, por protegerme a mí y a la casa. Necesitaba tener un trabajo que hacer, conocer sus límites y saber que está a salvo, que es amado y que esta es su casa. Le digo lo bueno que es y que ya no está abandonado.

¡Gracias, perro interior! ¡Gracias por protegerme!

Tal vez no sea una casualidad que la palabra *perro* sea el acrónimo de Dios.* A algunas personas, conectar con un animal interior de cualquier tipo les resulta más fácil que conectar con el niño. (O es un paso inicial antes de que el niño aparezca).

Especialmente si tienes un historial de automaltrato, imaginarte una mascota interior que ames y cuides puede crear un cambio inmenso. La gente suele dar fácilmente a un animal una aceptación incondicional que jamás se daría a sí misma.

Hace años, Maurice era un corredor de maratón que se maltrataba sin piedad cada vez que se lesionaba. Era absolutamente incapaz de tomarse un descanso para dejar que sus lesiones se curaran. Pero como amante de los animales, esta idea de la mascota interior le caló hondo. Sabía que nunca pegaría a su querido *corgi* por ponerse enfermo, sino que lo mimaría hasta que se recuperara. Vio que su propio cachorro interior merecía lo mismo.

---

* N. del T.: *God* ('Dios') y *dog* ('perro').

Derribar el muro

Cuando se contacta con ellos, algunos niños interiores corren hacia ti de inmediato, entusiasmados por poder jugar, comunicarse y hacerse notar. Pero otros tantos estarán legítimamente furiosos por todos los años en los que se han sentido lastimados o ignorados. En estos casos, tiene que producirse un paciente período de reconciliación.

Algunos se sienten abandonados desde hace tanto tiempo que ni siquiera se los puede encontrar de inmediato. Es posible que estén escondidos en un rincón o encerrados dentro de un armario. No siempre querrán que se los abrace de inmediato.

Así que este es el secreto. Si el niño está enfadado o es desconfiado, tiene que sentirse así. El niño interior de Derek estaba tan dolido y decepcionado que ni siquiera lo miró durante los primeros intentos de contacto. Al final, Derek le escribió una carta en la que le pedía perdón por todo lo que había sufrido. Un par de semanas después, en una meditación, el niño se acercó a regañadientes y se sentó en una silla cercana, pero seguía sin hablarle ni tocarlo. Con el tiempo, cuando se dio cuenta de que Derek era sincero, se acercó y, finalmente, surgió una verdadera amistad.

Una fuente de gratitud

Cuando aprendas a centrarte en el niño, verás que tiene una capacidad innata de agradecimiento. ¿Sabes que algunos niños dicen gracias unas siete veces cuando les haces el más mínimo favor? Puedes darles una piedra cualquiera del suelo, y se emocionan muchísimo.

Es posible que incluso se sientan extraordinariamente agradecidos por haberse reconectado contigo. Marina tuvo una vívida meditación en la que abría una puerta cerrada y liberaba a su niña desnutrida y abandonada por años de prisión. Al principio, cuando salió tambaleándose a la luz, estaba tan atontada que apenas podía hablar. Además, ¡sentía una rabia tremenda contra Marina por haberla dejado allí durante tanto tiempo!

Pero Marina volvió a atenderla con devoción y le prometió que podía tomarse todo el tiempo que hiciera falta para recuperarse. Un día, durante la meditación, vio por fin que la niña se acercaba feliz a su regazo para que la abrazara. Marina le susurró: «Te cuidaré siempre, mi dulce princesa. Nunca volverás a ser abandonada».

La caballería interior

Algunas personas, especialmente las mujeres, siguen esperando que ese amante, pareja o amigo las salve tanto emocional como económicamente. Pero a menudo ese anhelo es en realidad el del niño. La pareja más generosa del mundo podría llegar montada en un magnífico corcel blanco y si tu propio cuidado interior no ha comenzado, seguirás sintiendo inseguridad. Al principio, siempre se trata de un trabajo interno con ese niño. En todos los casos.

Cuando te llore: «Sálvame, sálvame», aprendes a responder: «Claro que sí, cariño, lo haré. Por fin voy a ser un padre estupendo para ti». Cuando tú, el adulto, recuperas tu dignidad y ya no vagas por el mundo como un huérfano hambriento, los demás también se muestran deseosos de darte. La generosidad interior se refleja en el exterior.

Puedes decir: «Permíteme empezar a cuidar de este ser tan tierno. Ábreme, querido Señor, aunque al principio me resista. La abundancia llega a medida que lo cuido más y más».

El niño suele ser el que se agarra frenéticamente al mundo, gritando: «Quiero esto, quiero aquello, ¿y si no consigo lo que necesito?». Es el que grita (a menudo con razón): «¿Cómo es que siempre me siento tan engañado?». Cuando finalmente empiezas a alimentarlo, el mundo se reconfigura a tu alrededor.

SOLO AMOR PROPIO

Ahora bien, la conexión con el niño interior no es darle siempre lo que quiera. No se trata de: «Está bien, como hoy estás triste, vamos a gastar hasta el último euro para que te animes». Por el contrario, estás haciendo un *sankalpa* interior —esa hermosa palabra sánscrita que significa 'intención' o 'voto'— para amarlo, apoyarlo y dejar de hacerle daño.

Dana escribió: «Soy dura conmigo misma todo el tiempo y me exijo muchísimo». Cuando rezó para tratar a esa niña con compasión y amabilidad, su mundo entero se abrió.

La mujer que escribió en el apartado «El niño es un comprador compulsivo» (página 129) sobre la ropa y los accesorios innumerables no tendría que despojar a su niña de todos los privilegios de compra. En cambio, podría decirle: «Sí. Una vez a la semana, compraremos algo». O podría contar con ella mientras limpia sus armarios. A los niños les encanta que cuenten con ellos, y hay mil maneras de hacerlo. Cuanto más se hace, incluso las tareas molestas se vuelven divertidas.

Tengo una amiga que, un año después de su boda, aún no había enviado las notas de agradecimiento. Cada día se machacaba a sí misma por ser tan irresponsable. Finalmente, lo entrego todo en ofrenda a la Divinidad y vio que su niña interior estaba realmente deseosa de ayudar.

Así que ella y la niña decidieron hacer una fiesta. Reclutó a un par de amigas con la promesa de *sushi* y sake para pasar una noche escribiendo cartas. Comieron, bebieron, pusieron música a todo volumen y crearon una cadena de montaje con sellos y sobres. Cada vez que terminaban veinte cartas, se tomaban un descanso para bailar. Su niña se lo pasó en grande.

No se trata de imponer nuevas leyes y castigos. A medida que construyas límites saludables, el niño empezará a sentirse apoyado. Entonces podrás darle en la medida de tus posibilidades. Cuando comience a sentirse apoyado, dejará de querer tantas cosas.

Además, una de las claves de la eterna juventud es tu comunión salvaje, honesta y amorosa con ese niño. Nunca pierdes tu propio sentido de la creatividad, el juego o la entrega, sin importar la edad cronológica que tu cuerpo pretenda tener.

Y el niño crecerá feliz bajo la luz de tu ferviente cuidado y atención.

Leerle al niño

Tal vez porque soy escritora, me gusta mucho la idea de leerle al niño interior.

> *Cuando mi niña interior y yo escuchamos juntos libros infantiles, le transmito sus sentimientos. Cuando noto que las emociones se agitan en mi vientre, le digo: «¡Estás furiosa!» o «Ahora te sientes muy triste». Sigo sintonizando y expresando sus sentimientos a medida que cambian, hasta que se relaja. Mientras escribo estas frases, suelto un suspiro en mi interior. Ella siente el alivio de que, por fin, alguien le hace caso; ya puede relajarse y dejarse abrazar.*

Sí, puedes reflejar los sentimientos de tu niño interior. En lugar de discutir por qué no debería sentir lo que está sintiendo, limítate a ser testigo de sus emociones y aceptarlas. Una vez que le prestas atención, sin culparlo, se calma con toda seguridad.

Simplemente obsérvalo. Lo único que quiere es que se lo escuche y se lo sienta.

Además, si intentas convencerlo de que rechace un determinado sentimiento cuando lo está sintiendo profundamente, solo conseguirás que se frustre. A los niños, sobre todo —pero también a algunas niñas—, se les suele decir que rechacen el miedo o la tristeza. Sin embargo, es mucho más sano ser capaces de reconocer las emociones y soltarlas.

UNA MONTAÑA DE EMOCIONES

El niño puede darse a conocer a través de tus propios sentimientos de aflicción, culpa, vergüenza o resentimiento. A veces estás sumido en una emoción desagradable y te das cuenta: «¡Dios mío! ¡Mi niño está pidiendo ayuda a gritos!». Aquí tienes algunos ejemplos.

LA HERIDA SECRETA

Hace unos años, fui a un retiro de yoga de una semana en Cabo San Lucas. Era mi idea del paraíso: clases vigorosas de *vinyasa* todo el día, un *jacuzzi* bajo las estrellas por la noche. Pero, en medio de todo eso, mi pequeña tomó las riendas.

Un día había una excursión a un pueblo cercano. Iba a ir un autobús con un grupo y también un par de coches. Le pregunté a una conocida si podía ir en su coche.

En el momento en que se lo pedí, intuí que prefería estar sola, pero en lugar de decírmelo directamente se puso muy rara. (Seguramente te ha pasado esto. Estás ahí empapándote de una energía terrible; de repente tienes seis años, vuelves al patio de recreo y nadie quiere jugar contigo).

Rápidamente me eché atrás. «¡No te preocupes, no me hace falta ir!».

Ahora, la parte más sabia de mí sabía que el Amor estaba diciendo: «Oye, este viaje no es necesario en absoluto. Quédate en el retiro y escribe. No tienes por qué fastidiar a nadie».

Sin embargo, ¿eso eliminó el sufrimiento? No, Dios mío, en absoluto. Incluso se podría decir que todo ocurrió para evocar a la niña solitaria que llevaba dentro y que a menudo se sentía excluida.

Cuando todo el mundo se marchó, sus ojitos lloraron y lloraron durante horas. En realidad, fue un alivio, golpear la veta madre del dolor olvidado y darme permiso para sentirlo todo. Me tumbé en la cama agarrándome el estómago, sollozando. «Me duele, me duele...». Hasta que al final, la niña era un fardo desmadejado en la cama, agotada, pero feliz.

Quizá este acontecimiento estuviese orquestado por la Divinidad para cauterizar rápida y eficazmente mi descuidada herida. Para la cena, incluso me sentía agradecida a esa señora tan ruda que había herido mis sentimientos. Si la hubiera odiado, no habría entendido nada.

Permíteme dar compasión y amor a ese pequeño.
Déjame atender sus necesidades y sentimientos más profundos.

BAJO LA MESA

Mencionaste que si alguien siente que no merece dinero, puede gastarlo todo compulsivamente. ¿Podrías decir algo más sobre esto? Creo que hay algo de vergüenza, de sensación de desmerecimiento o de culpa, porque a veces he recibido ayuda financiera.

Si todo viene de la Fuente Divina, entonces hasta ahora, Dios te ha traído a veces dinero a través de la ayuda de otros. Qué poderoso es decirle a ese niño avergonzado: «Por fin te perdono. No pasa nada. Así es como has sobrevivido. Y ahora Dios te mostrará otro camino». Es como si se escondiera debajo de una mesa con el paño encima, mortificado por haber necesitado ayuda.

Podrías imaginar que te pones a gatas bajo la mesa para hablar con él. Y hacerle saber que lo ha hecho lo mejor que ha podido y que no es malo ni egoísta. Puedes prometerle que te convertirás en una madre protectora y cariñosa para él, y que se abrirá un nuevo futuro financiero.

Quizá también puedas hacer el ritual del coco que aparece en la tercera semana, en el que entregas en ofrenda todas las finanzas a Dios. Asimismo, puedes probar la oración de cambio: «Hazme saber que merezco tener abundancia. Hazme saber que merezco tener suficiente».

Porque lo mereces.

EL RENACIMIENTO DE RAKIA

Rakia había sido una apreciada gurú de la tecnología que ganó muchísimo dinero en una empresa tras otra. Sin embargo, incluso en los mejores momentos, siempre había vivido muy por encima de sus posibilidades, anhelando incesantemente lo mejor de lo mejor: Gucci, Prada, Cartier, todos sus productos. Nunca ahorró nada.

Luego, de repente, atravesó un período en el que se quedó sin trabajo mientras los gastos de su fastuosa vida seguían siendo enormes. Finalmente, pasó de un gasto desenfrenado a un desempleo angustioso. En unos meses más, tocó fondo cuando no pudo afrontar los pagos de su ático frente al mar. Acabó pasando medio año durmiendo en el sofá de unos amigos.

Rakia se había derrumbado por completo. Hasta entonces, siempre creyó que era capaz de manifestar lo que quisiera. Es decir, creía que tenía tales superpoderes que había atraído no solo un Mercedes normal, sino uno con asientos autocalentables para el invierno.

Pero gracias a esta dura prueba, se rindió de verdad y por completo. Se pasaba las noches suplicando: «Querido Dios, no sé por qué está ocurriendo esto y desde luego nunca pensé que pudiera ocurrir. Así que, por favor, ayúdame a aceptar las lecciones aquí. Permíteme confiar en que Tú eres la Fuente de todo y que puedes arreglar esto mientras me dejo llevar».

Cuanto más se rendía, más consciente era de que se había aferrado a todas esas etiquetas extravagantes porque su madre nunca la valoró; de hecho, apenas la había mirado. Rakia vio que necesitaba cortar las cuerdas infectadas de su madre. Por fin empezó a preocuparse de esa querida niña abandonada que nunca había sentido que valía lo suficiente y que siempre tenía algo que demostrar. Y, para empezar, también dejó de culparse a sí misma por haber caído en ese lío financiero.

Durante esos meses en los que tuvo que arreglárselas con la ayuda de sus amigos, Rakia aprendió a entregar sus finanzas a Dios por primera vez en su vida. Francamente, no le quedaba más remedio que hacerlo. Entonces, un día, de repente, un antiguo empleador pasó por allí, la sacó literalmente del sofá verde deshilachado del sótano de su amigo Dave y le ofreció un trabajo con el mismo salario que había ganado antes. Pronto volvió a tener una casa, aunque mucho más modesta, para poder ahorrar. Y lo que es más importante, tenía una nueva relación con el dinero.

Ahora está convencida hasta la médula de que el dinero es de Dios. Sabe lo que significa perderlo todo y recuperarlo, aparentemente de la nada. Por fin respeta y honra el dinero como una muestra de generosidad Divina.

¡ESTALLA!

Uno de los mayores mitos es que las personas espirituales nunca deben tener emociones «negativas». Cuando la ira, la tristeza, los celos, el dolor de todo tipo se reprimen, a menudo se desbordan inconscientemente por todas partes. El camino de esta comunión interior permite aceptar todos los sentimientos. Hay formas sencillas de liberarlos sin perjudicar a los demás.

Una vez que se les da permiso, las emociones son como una tormenta eléctrica o cualquier otra fuerza de la naturaleza. No hay razón para pensar que siempre tienen que ser tranquilas. De hecho, cuanto más se permiten los sentimientos, más fácilmente pueden fluir como las condiciones meteorológicas. Sin embargo, hay algunos —la ira, sobre todo— que requieren un cuidado especial.

Si tienes un carácter impetuoso, puede venirte de maravilla sacar la ira físicamente. El ejercicio te permite ir directamente al problema de una manera que no es posible con las palabras. A algunos les resulta útil realizar un deporte vigoroso como el senderismo, la natación o el ciclismo.

Pero si la ira es excesiva, realmente necesitarás «destruir» de verdad algo. Mi teoría es que si estás tremendamente furioso, es mucho mejor partir o hacer pedazos un objeto inofensivo que emplear toda esa energía ardiente contra ti mismo.

Personalmente, me encanta romper platos, la terapia más barata del planeta. Si alguna vez estás muy enfadado, ve a Goodwill y compra una pila de platos o tazas viejos y rotos. Luego, busca un lugar discreto y haz pedazos la vajilla. Grita si es necesario. (A algunos les gusta incluso escribir nombres en los objetos que destrozan). Mejor los platos que tu propia y tierna psique. La rabia quiere y merece salir.

Después de su divorcio, Elsa sintió una rabia insoportable. Se desquitaba comiendo toneladas de palomitas de maíz, aunque le sentaban tan mal que apenas podía caminar. Cuando le sugerí que probara esta terapia de platos, dijo: «¡Oh, necesito mucho, mucho más que eso!». Le sugerí que rezara para encontrar su propio camino.

Me llamó al día siguiente, loca de contenta. Su niña interior era tangible, incluso por teléfono. Elsa había comprado unos veinte peluches en una tienda de segunda mano. Luego se escondió en el garaje (para que los vecinos no pensaran que se le había ido totalmente la cabeza) y los hizo pedazos con tijeras y cuchillos. El relleno volaba por todas partes como una ventisca de nieve.

Finalmente, se desplomó en el suelo, riendo como una loca y rodeada de osos de peluche decapitados. Me contó que nunca se había divertido tanto en su vida; creció en un hogar británico muy estricto en el que jamás se le permitía enfadarse.

Si estás leyendo esto horrorizado, me gustaría preguntarte: ¿a dónde crees que iba toda esa energía violenta antes de que Elsa hiciera esto? Directamente a su pobre cuerpo y psique. (Y si destrozar peluches no te funciona, puedes probar a golpear sin piedad una colchoneta bien enrollada con un bate de béisbol, que es otra buena alternativa). Cada persona es diferente. Para algunos, la ira es fácil, y la tristeza es el tapón de la botella. Hay incluso quienes utilizan la ira para no sentir la tristeza que subyace.

Cuando murió mi madre, no pude llorar durante meses, aunque sentía cada lágrima no derramada como un géiser a punto de estallar dentro de mí. Finalmente, me di cuenta de que podía recurrir a las películas tristes en busca de ayuda, especialmente las de animación. *Mulan*, *Up* y *Ratatouille* me hicieron llorar a mares, aunque probablemente podría enumerar otras veinte. Las lágrimas son lo que se produce cuando se derrite el hielo del corazón.

El escritor y crítico de cine Kevin Lincoln escribió un artículo en *The New York Times* sobre la recuperación de su capacidad de llorar al ir al cine. Como «típico varón estadounidense», se había visto forzado a perder esa capacidad (aunque he conocido a personas de ambos sexos a las que también les ha sucedido).

Contó cómo, al igual que otros muchos niños, aprendió a dejar de llorar, que era una especie de ritual de transición para convertirse en un hombre. Con el tiempo, arropado por la oscuridad y seguridad de las salas de cine, aprendió a «sentarse durante unos momentos y permitirse ser empático y vulnerable, a reaccionar espontáneamente» y a sentirse cómodo con sus propias lágrimas. Esto le devolvió la capacidad de acceder a sus sentimientos y comprenderlos por primera vez desde que era un niño.

Aunque alguna gente consigue esto a través de la terapia, me encanta cómo Kevin convirtió algo tan sencillo como ir al cine en una comunión espiritual con ese niño que una vez estuvo abandonado.

Dedica el resto de las semanas a conocer a tu niño interior. Sácalo de su escondite, escúchalo, hazlo partícipe de tu vida. Sé paciente, tómatelo con calma, sé coherente. Fíjate en la edad del niño. En algunos casos, será muy pequeño; en otros, un adolescente. (También puede cambiar de edad en diferentes días o transformarse en el transcurso de una sola meditación). Y si tu niño está lleno de rabia, prepárate para un comportamiento adecuado a su edad: rabietas, desaires, comentarios hirientes, manipulación... No pasa nada. Deja que saque esos sentimientos.

Si no estás seguro de cómo manejar el comportamiento, no ves resultados o te sientes frustrado porque una estrategia funciona un día y al siguiente no, no desesperes. Lo mismo que un padre que tiene problemas pide consejo a sus amigos, entrégaselo al Amor. Si perseveras, serás recompensado. A través del proceso de reconexión, llegarán una creatividad, una alegría y una satisfacción más profundas. Al amar a ese niño, recuperas tu propio sentido del asombro.

Te entrego esto en ofrenda, oh Amado. Permite que caiga el muro que me separa de mi propio niño vulnerable. Muéstrame la ruta que nos reúne con paciencia y fe. Estoy deseando cuidar de mí mismo como nunca antes lo había hecho.

LAS JOYAS DE LA CORONA

*El desapego no consiste en no poseer
nada, sino en que nada te posea.*
—Ali ibn Abi Talib

Cuando tenía veintitantos años, solía ir a ver a Michael, un magnífico vidente de Berkeley que repetía como un disco rayado: «Cariño, siempre va a haber algo». La idea de que un día aterrizarás en un lugar recóndito al que nunca llega ningún problema (siempre que seas un fanático que consigue mantener su mente absolutamente limpia) era una completa locura. «Esto también pasará —decía—, pero no olvides que pasará y traerá el mismo maldito problema o algo muy parecido una segunda vez, si no lo aceptas la primera».

Por eso, en la sexta semana vamos a profundizar en la naturaleza de la ofrenda. Se basa en la aceptación radical, en decir sí a la Realidad en cualquier momento, para que lo que necesitas pueda venir a continuación. Esto abre de par en par la puerta a ser abundancia.

Esta semana, te guiaré a través de las etapas clave de la ofrenda que he presenciado a menudo para que puedas observarlas en tu propio proceso. Pero, antes, tendremos que sumergirnos en tres conceptos.

Tres pequeñas joyas

Durante un tiempo, circuló por Internet un meme que decía: «Relájate, nada está bajo control». Y sí, desde el nivel del ego, esto es totalmente cierto. Todos sabemos que el cambio es una constante fiable. Así que, si el ego está al mando, cada vez que algo cambia, sobre todo si parece «negativo», es muy posible que monte un berrinche: «No, no lo permitiré. ¡Me niego!». O que entre en una espiral de desesperación. (Sí, el niño suele ser el que tiene estas reacciones).

Entonces, ¿cómo se supera eso? La respuesta, además de consolar y calmar al pequeño, se encuentra en tres hermosos términos: *aparigraha*, *vairagya* e *ishvara pranidhana*. Estas son las joyas de la corona de la existencia en los antiguos textos indios, el *Bhagavad Gita* y los *Yoga Sutras* de Patanjali. Conseguirlas es un premio que va mucho más allá de ganar una medalla de oro olímpica, obtener un Óscar o ser nombrado caballero por la reina. Cuando estas joyas comienzan a adornar tu alma, tus pies están firmemente en el camino de la libertad.

A veces me dicen: «Oh, estoy luchando muchíiiiiisimo para poder rendirme. Estoy siempre castigándome por no ser capaz de soltar». El ego querrá hacer de todo esto un esfuerzo arduo, pero eso solo es más protagonismo y dispersión. A medida que entregues tus cargas al Amor, invitarás a estas cualidades Divinas. Con el tiempo, vendrán a ti.

En realidad, con la práctica, están disponibles para cualquiera. Podrías decir: «No puedo hacerlo, Dios. No puedo. Hazte cargo y ayúdame a soltar». Pero la autoaceptación (e incluso un desenfadado sentido del humor) es primordial en el camino. Tu humanidad está aprendiendo a alinearse con el Fluir. Sigue ofreciéndole cariño al niño, dile: «Está bien. No te preocupes. Todo saldrá bien». Llegados a este punto, te preguntarás: «¿Qué es esa humanidad?». Bueno, es tu individualidad única, el pequeño yo, la expresión personal de tu ser como tú. En este proceso el secreto consiste en permitir que la auténtica humanidad conserve toda su fuerza vital y, a la vez, inclinarte hacia la Divinidad interior. En la transición entre el Gran Yo y el pequeño yo, a medida que transcurre el tiempo, por medio de oraciones y ofrendas, aprenderás a pasar sin esfuerzo del uno al otro.

Cuando llevas suficientes vidas en la Tierra, como alma vieja empiezas a anhelar cada vez más profundamente estas piedras preciosas. Son la paz de Dios. Y entonces, ese anhelo mismo te trae la oportunidad de adquirirlas. Te surgen oportunidades hechas a medida, solo para ti, para desarrollar el no aferramiento, el desapego y la entrega.

¿Te acuerdas del *prarabdha* karma? Cada uno tiene su propio plan de estudio personalizado en esta escuela de la Tierra. Para muchas almas viejas, adquirir estas joyas es lo más importante del plan de estudios. Si estuvieras aprendiendo un idioma, te encontrarías con lecciones cada vez más difíciles a medida que vas perfeccionando tus conocimientos, hasta que al final eres capaz de comunicarte con fluidez. Del mismo modo, la Divinidad tiene un plan de estudios para que aprendas a manejar cada vez con más soltura estas cualidades espirituales.

Un ejemplo sencillo: Freya colecciona cristalería antigua. Un día, en un mercadillo de segunda mano, encontró un jarrón de gran valor por solo noventa y nueve centavos. Lo compró, entusiasmada... y luego se le cayó accidentalmente de camino al coche. Si su ego se hubiese considerado el autor, podría haber dicho: «¡Qué torpe! Estoy completamente destrozada y devastada. Déjame culparme durante unas cuantas horas». Pero visto a través de una lente espiritual, lo cierto es que tuvo la oportunidad perfecta para invitar a esas joyas, mucho más valiosas incluso que la antigüedad que había hecho añicos.

Los autores Stephen y Ondrea Levine cuentan una historia sobre esto en *¿Quién muere? Sobre el vivir y el morir consciente*. Describen a un maestro de meditación tailandés al que le preguntaron cómo podemos encontrar seguridad en un mundo de impermanencia. ¿Cómo podemos relajarnos y ser felices cuando nada permanece igual?

Respondió levantando una copa y diciendo: «¿Ves esta copa? Para mí, ya está rota. La disfruto. Bebo en ella. Mantiene mi agua admirablemente, a veces incluso refleja el sol creando hermosos patrones. Pero cuando la pongo en un estante y el viento la derriba, digo: "Por supuesto". Cuando entiendo que esta copa ya está rota, cada momento con ella es precioso. Cada momento es como es».

Y esa es la verdadera ofrenda.

LAS TRES ETAPAS

En cualquier persona pueden darse los distintos niveles de ofrenda. Una vez que los conoces, es mucho más fácil no engañarse ni quedar atrapado.

PRIMERA ETAPA

Esta es la línea de salida. En esta etapa el ego es el que tiene la voz cantante y dice: «Esto es lo que quiero. Si no lo consigo, lo normal es que me enfade o me sienta frustrado, tal vez para siempre». El resentimiento, la desesperación y la frustración son emociones familiares. Los intentos de controlar y manipular la realidad surgen durante todo el día.

Ahora, por favor, no me malinterpretes, no hay nada malo en esto. Los sentimientos están bien, y este proceso no consiste en bloquearlos. Pero esta etapa es solo una expresión natural del ego que lucha firmemente contra la realidad.

Y esto es lo curioso. Se puede ser una estrella de *rock* con diez millones de seguidores en Instagram y aun así estar en la primera etapa. Incluso podrías ser una «estrella del yoga» con *groupies* por todas partes y permanecer en esa primera etapa, como si te hubieran pegado a ella con cola. Porque es posible seguir siendo un esclavo… de tus propios deseos, aunque tengas al mundo entero a tus pies, adorándote.

SEGUNDA ETAPA

Aquí la conciencia de la ofrenda se vuelve intelectual. Se aprende a entregarse y a invitar a la Divinidad para que nos guíe. A menudo, esta etapa se desarrolla por el puro agotamiento de no conseguir tus deseos. Empiezas a intentar «darles la vuelta a las cosas». Sin embargo, el pequeño yo sigue manejando el cotarro. Esta etapa es la más complicada porque puedes convencerte de que te has rendido, cuando en realidad el ego simplemente está utilizando la ofrenda como estrategia para intentar conseguir lo que quiere. Por ejemplo: «Voy a entregar mi dinero a la Divinidad para poder hacerme rico». Sabes que has pasado a la siguiente etapa cuando ya no estás apegado al resultado.

Te pondré un ejemplo. Hace poco hablaba con una amiga que está bastante familiarizada con estos conceptos. Se quejaba:

—¿Sabes?, tengo tantas decisiones que tomar ahora mismo que siento que la cabeza me va a estallar. Todo viene a la vez.

—Te entiendo perfectamente ¡pero también sabes entregar en ofrenda! ¿Qué tal si haces una lista y le devuelves, una a una, cada carga a Dios?

Me miró como si me hubiera vuelto loca e hizo un gesto con la mano.

—Oh, sí, sí, ¡lo sé todo sobre la ofrenda!

—No —insistí, quizás un poco molesta—. Conoces la idea, pero sigues pensando que eres tú quien se tiene que encargar de todo.

Se quedó en silencio durante un momento. Y luego, finalmente, lo entendió.

Más tarde me dijo que lo escribió todo y rezó: «Querido Dios, ayúdame a priorizar. Hazme saber qué es lo más importante, qué es lo secundario y qué es lo que no importa en absoluto. Y a continuación, actúa a través de mí y, por favor, encárgate de todo. No puedo con esto».

En el momento mismo en que lo hizo se sintió reconfortada y aliviada. Y entonces, ¡*voilá*! Pasó a la tercera etapa.

TERCERA ETAPA

En esta etapa, el yo ya no acarrea sobre sí el peso agobiante de la identidad. Todo lo que tiene que ocurrir empieza a suceder sin que tú lo «hagas» conscientemente. El universo actúa a través de ti. Y el resultado no es de tu incumbencia.

No hay necesidad de juzgar o comparar ninguna de estas etapas. Todas son simplemente fases del desarrollo y, con el tiempo, puedes pasar de una a otra. Así que, eventualmente, puedes estar instalado en la tercera la mayor parte del tiempo, pero de vez en cuando te disparas e incluso vuelves a entrar en la primera etapa, aferrándote y acaparando obsesivamente. Hasta que respiras y dices: «Déjame volver a lo que sé: efectivamente, nada está bajo control y Dios lo sostiene todo. Puedo soltarlo con seguridad».

Y entonces regresas a la tercera etapa.

Aparigraha: NO POSESIVIDAD

Aparigraha es uno de los secretos más profundos del Fluir Divino. Significa 'deja que todo lo que se quiera ir, se vaya. Y que todo lo que quiera venir, venga'. Cuanto más se abren las manos para recibir, menos se aferran a las cosas. Tanto si hablamos de soltar viejas identidades, pertenencias o cuerdas que nos atan a los demás, es todo lo mismo.

Aparigraha sabe que perseguir y apegarse aleja, de un modo infalible, el bien que quiere venir. Es una puerta a la abundancia. Imagínate que estás persiguiendo una pluma. La corriente de aire que creas al intentar alcanzarla la aleja cada vez más de ti. Pero si te quedas quieto, puede aterrizar justo en tu regazo.

A menudo, en mi propia vida, esto me ha parecido uno de los principales cursos de recuperación de aprendizaje para los que nací, tal vez uno que me salté o suspendí en vidas pasadas. («Dios mío, ¿vas a volver a enviar a esa chica a la Universidad de Aparigraha hasta que por fin lo entienda?»). Dios me ha dado un golpetazo tremendo en la mano cada vez que he agarrado algo con demasiada fuerza. Al final, estaba loca por colaborar.

Pero así de mala era la situación. A los veintitantos, viví durante un tiempo en un edificio de apartamentos en Nueva York que estaba tan deteriorado que un invierno las tuberías se congelaron y explotaron. Todos los demás residentes, confiando en el sentido común más básico, al alcance incluso de un niño pequeño, se habían marchado semanas antes. Sin embargo, yo tenía tanto miedo de no encontrar otro alojamiento que fui la única que se quedó, mientras el agua anegaba todo el edificio. Ropa, libros, muebles..., todo se perdió porque no confiaba en que hubiera otra vivienda para mí. Sí, así de aferrada estaba (independientemente del punto en el que te encuentres en la escala de aferramiento, espero que esto te haga sentir un poco mejor. ¡Dios puede cambiar a cualquiera!).

Para algunos de nosotros, aprender a soltar es una victoria difícil de conseguir, pero para otros parece ser algo natural. He aquí dos historias de personas que comprendieron instintivamente cómo encarnar el *aparigraha*.

EL BENDITO FRACASO

A veces, un bache o un desvío en el camino es en realidad una suerte, por muy desquiciante que parezca. Una vez, durante una enorme y gloriosa tormenta, me metí en una tienda de cerámica de Berkeley. Mientras llovía a cántaros, acabé conversando con el dueño.

Me contó que hacía años tenía tres galerías y era «superexitoso». Estaba tan ocupado que trabajaba desde las seis de la mañana hasta las once de la noche.

Entonces, en el gran terremoto de 1989 en el Área de la Bahía, una de sus tiendas quedó destruida. La gente lo compadecía: «Vaya, hombre, ¡qué mala suerte! Qué triste». Pero él se dio cuenta de que con dos tiendas en lugar de tres, solo trabajaba de ocho a siete. Su vida era más sencilla.

Unos años más tarde, los grandes incendios llegaron a las colinas de Oakland, y su segundo local se redujo a cenizas. En ese momento, un amigo le dijo:

—Chico, nunca he conocido a un tipo más amable y agradable con tan mala suerte. La desgracia te persigue como un cachorro hambriento de cariño.

—Bueno —respondió el dueño, sonriendo—, en realidad, ¿quién sabe?

Porque por fin, con una sola tienda, su horario era de nueve a cinco, algo que nunca había imaginado.

Por supuesto, después de esto tenía menos dinero y tuvo que vender su gran casa. Pero su mujer y sus hijos estaban tan contentos de poder pasar por fin tiempo con él que a nadie le importó demasiado. Se mudaron a un lugar más pequeño y, por primera vez, se convirtieron en una verdadera familia.

«Entonces, ¿fue mala o buena suerte?», me preguntó. Sonreí y miré al exterior.

Un tenue arcoíris se cernía sobre el horizonte.

*ORANGE IS THE NEW BLACK**

¿No te parece extraño escuchar «nunca te rindas» cuando a veces esa es la herramienta espiritual más

---

* N. del T.: *Orange is the New Black* (Naranja es el nuevo negro) es una serie estadounidense que relata las experiencias de unas mujeres en una cárcel.

importante que puedes utilizar? Para un alma vieja, a veces nada puede cambiar hasta que te rindes. La actriz Uzo Aduba, ganadora de un Emmy, tuvo que soltar su deseo más ferviente: actuar. Salió de la prisión del apego y acabó encarcelada en un papel de otro tipo.

Uzo actuaba en el musical *Godspell* en Nueva York y se presentaba a audiciones para programas piloto de televisión, a la espera de su gran oportunidad. La cosa iba así: intentar, intentar, intentar, seguido de no, no, no. Un día, terminó una audición especialmente importante, con la sensación de que las cosas habían ido bien, pero intuyendo que no la elegirían porque había llegado veinte minutos tarde. Ese fracaso, razonó, sería «el universo de Dios» diciéndole: «Esto no es para ti, así que deja de intentar tomar algo que no es tuyo». En el metro de vuelta a casa, «rezó» para que le dieran una señal clara de que debía dejar de actuar y dirigirse a la facultad de Derecho. Se rindió por completo.

Cuarenta y cinco minutos más tarde, justo después de entrar en su apartamento, recibió una llamada telefónica. El papel de Suzanne «Crazy Eyes» Warren en la serie de televisión *Orange Is the New Black* le cayó directamente en el regazo.

VAIRAGYA: DESAPEGO

En realidad, el significado de *vairagya* va más allá del desapego. De hecho, me encanta que signifique 'sin color', refiriéndose a 'ver claramente, sin el tinte de las emociones y los deseos'. Es posible que tengas preferencias, pero no estás a merced de ellas.

A menudo, la gente dice con displicencia: «Bueno, es lo que hay», pero en el fondo lo que quieren decir es: «¡Maldita sea! Detesto por completo lo que hay». *Vairagya* es cuando de verdad sientes que puedes aceptar la situación.

Es parte de la aceptación radical. La capa de resistencia desaparece.

Piensas: «Esto es lo que hay en este momento. En una hora, todo podría ser diferente».

LA COMIDA SAGRADA

Cuando un deseo especialmente intenso se ha cocinado en el fuego de la ofrenda, se transmuta en una preferencia. Y a menudo el proceso es muy doloroso porque se desprenden apegos, ilusiones y adicciones acumulados durante vidas. La sensación es la de estar bañándose en aguarrás.

Pero con el tiempo, cuando la ofrenda es sincera, te liberas de esas ataduras. Te ablandas y te dejas llevar. Te sientes libre y ecuánime.

Vairagya ha llegado.

Sabes que estás ahí porque ya no te sientes encadenado.

Ya no eres un adicto totalmente desquiciado.

Por fin te sientes a gusto en tu piel, hayas o no recibido lo que deseabas.

Seguramente te encantaría recibir ese «algo», pero ya no estás enfadado o hundido porque no lo tengas.

A menudo es justo entonces cuando, por fin, puedes recibir y disfrutar la preferencia... como si se tratara de una comida sagrada.

> *Permíteme, Divino, entregarte en ofrenda mis anhelos más profundos, confiando en que Tú sabrás exactamente cómo manejarlos. Guíame en el camino y libérame de mis cadenas. Y, por favor, permíteme conocer mi propia integridad y libertad por encima de todo.*

Aquí tienes una historia sobre *vairagya*. Alguien cree que va a conseguir su gran oportunidad, pero su deseo lo estrangula como una boa constrictor. *Vairagya* le permite liberarse.

Nadie (ni siquiera Oprah) es tu fuente

Hace unos años, después de una clase de *vinyasa*, me encontré con un autor que conocía. Cuando me interesé por cómo le iban las cosas, me preguntó, sonriendo, si quería escuchar su «tragedia de escritor». ¡Por supuesto!

Me dijo que iba a sacar un gran libro de yoga y un amigo se había ofrecido a llevarlo al *Super Soul Sunday*.* Estaba fuera de sí de la emoción. Por fin lo descubrirían. Ya veía la marquesina de Broadway de su futuro estrellato brillando a la vuelta de la esquina.

Y entonces... comenzó la prueba. Su entrevista fue programada, luego cambiada. Y vuelta a cambiar. Al final, se adelantó hasta el punto de que solo disponía de cuarenta y ocho horas para prepararse. Le horrorizaba que su libro no llegara a Amazon a tiempo para aprovechar

---

* N. del T.: Famoso programa de entrevistas presentado por Oprah Winfrey.

la publicidad. Suplicó otra fecha en vano. Por fin tendría su «gran oportunidad»... sin que su obra estuviera disponible.

Esto lo sumió en tal desesperación que en el programa parecía un robot. Riendo, me dijo que podría ser el único autor presentado por Oprah al que no le ha pasado nada.

Pero yo lo veía desde una perspectiva diferente. Tal vez no consiguió las riquezas que esperaba, pero ¿y si hubiera conseguido algo mucho más valioso? Después de todo, había escrito un libro sobre el yoga, que, de hecho, en sánscrito significa 'unido a lo Divino'. ¿Y si Dios lo llevó en ese viaje descontrolado para adquirir *vairagya*? ¿Y si fue una de esas experiencias perfectamente diseñadas para alcanzar su propia libertad? ¿Y si aquello lo convirtió en un verdadero yogui en lugar de en un mero perseguidor de resultados? ¿Y si finalmente pudiera dejar de correr detrás de las cosas?

Sentir, luego soltar

A veces se confunde el desapego con ignorar los sentimientos o insensibilizarse. Desde luego, no es un «desvío espiritual», que significa no tomar en cuenta las partes más vulnerables de nuestro ser humano para parecer evolucionado. No, en absoluto. Simplemente significa que primero sientes y luego sueltas.

El otro día, mi amiga Loreen me contó lo frustrada que se sentía como madrastra de tres hijos. En busca de ayuda, había estado escuchando una grabación sobre el desapego. Decía: «Ignora todos los malos sentimientos y niégate a consentirlos. Enciérralos en una bóveda».

—¿Y cómo lo llevas? —Me reí.

Hizo una mueca.

—Fatal. Estoy furiosa. Me han ocurrido un montón de situaciones ridículas. He puesto las necesidades de todo el mundo por delante de las mías durante años, y aun así sigo siendo el chivo expiatorio. ¿Cómo podría simplemente ignorar todo eso? ¿Es que no puedo tener sentimientos?

Le dije que estaba completamente de acuerdo y le sugerí que escribiera todo y lo quemara. Luego, que hiciera lo posible por sentir verdaderamente esas emociones. (Vimos muchas maneras de hacerlo en la cuarta semana). También podía romper un coco como ofrenda. Cuando Loreen hizo esto, empezó a ver cómo necesitaba establecer límites mucho más fuertes con todos los miembros de la familia.

Vairagya viene de la mano de esa preciosa vulnerabilidad de nuestros sentimientos, y de entregarlo todo. Si te limitas a esconder tus emociones en alguna taquilla psíquica, está garantizado que estallarán más tarde, causando mucho sufrimiento e incomprensión.

Los sentimientos se pueden sentir y luego soltar. Esto conduce al desapego… y la acción correcta en el momento adecuado.

ISHVARA PRANIDHANA: ENTREGA

La entrega es el secreto de ser Abundancia. Entras en el fluir gozoso de dar y recibir. Te dejas utilizar por la Divinidad.

A medida que empiezas a ofrendar de verdad, te resulta más fácil soltar, porque empiezas a confiar en que siempre llegará más. Pasas de mío..., mío..., mío a de Dios..., de Dios..., de Dios. ¡Qué diferencia!

Durante los últimos once años, me entregué al cien por cien a un costoso programa de manifestación y perseguí cada uno de mis deseos. Me agoté tanto que apenas podía ver con claridad. Pero esto es lo curioso. Durante todo ese tiempo, había estado visualizando un trabajo en casa. Nunca ocurrió nada. Pero después de solo un mes de rendirme y hacer la oración de cambio, mi empresa actual simplemente me dio ese trabajo. El mismo salario, los mismos beneficios y sin dos horas de viaje a la oficina. Gracias por explicar la ofrenda de una manera tan práctica.

Es fácil caer en culparse por «fracasar en la manifestación». Pero todo eso está basado en el pensamiento de la primera etapa, a nivel del ego. En cambio, aprender a rendirse y abrirse a la Fuente suele resolver el problema.

Con el tiempo, recitar la oración de cambio de la abundancia plena te proporciona un colchón Divino que te sostiene y apoya. Ya no estás en caída libre. Muchos de tus miedos pueden evaporarse. Empiezas a confiar en que estarás bien con o sin lo que deseas; aprovechas la paz que llega cuando las exigencias terminan. Sientes que toda necesidad verdadera será sin lugar a dudas satisfecha, de una manera u otra.

Una vez que das cabida en tu vida a este plan sagrado, ya no insistes en hacer a toda costa lo que deseas, sino que empiezas a decir: «Dios, muéstrame cómo vivir esto. Déjame jugar, al menos por ahora, a que Tú eres realmente quien provee todas mis necesidades». Al abrir este camino, la prosperidad puede venir de fuentes ilimitadas e inesperadas. El amor es mucho más creativo que el ego rígido, constreñido y agotado.

Tengo miedo de que si suelto las riendas y me rindo a la Divinidad, no consiga lo que de verdad quiero.

Una de las mayores concepciones erróneas acerca de la Divinidad es que está separada de nosotros. Pero cuando entiendes que en realidad te estás rindiendo a tu propio Gran Ser interior, a tu propia sabiduría y claridad, es muy diferente. (No obstante, como viste en la quinta semana, a menudo esto implica convertirse en el padre responsable de ese niño lleno de miedo).

Y esta es la verdad: el amor siempre dirige el espectáculo, tanto si nos rendimos como si no. Un mundo completamente nuevo se abre cuando eliges cooperar.

LET'S MAKE A DEAL*

Entiendo que aprendemos de todas las experiencias, pero las que son difíciles lo son en grado. Entonces, ¿por qué la Divinidad no puede simplemente mandarnos un plan de estudios o algo por el estilo? ¿Por qué esto tiene que parecer siempre un episodio de Let's Make a Deal, en el que hay que adivinar lo que hay detrás de la puerta?

---

* N. del T.: *Let's Make a Deal* (Hagamos un trato) es un programa televisivo de entretenimiento.

¿Alguien recuerda ese programa? Lo veía todos los días a la vuelta del Instituto. Si elegías la puerta correcta, podías ganar un mueble de salón, un congelador lleno de helados o una lancha motora. Pero si eres un alma vieja, el premio detrás de cada puerta es *aparigraha*, *vairagya* o *ishvara pranidhana*.

Y esa es también la lección prevista. Si obtuviéramos instantáneamente todos los deseos aquí en la Tierra, no habría ningún incentivo para desarrollar estas cualidades sagradas.

Muy a menudo la gente se encuentra con mi trabajo porque la «otra manera» de perseguir y aferrarse se ha estrellado y calcinado como un meteorito. Pero esa dolorosa destrucción implica también un momento de gracia profunda. Porque cuando el ego se da cuenta, finalmente, de la locura total de intentar controlar y dirigir, llegas a una encrucijada sagrada en tu propia evolución.

Alguien me dijo una vez: «Cuando llega el momento en que soltamos las riendas, todos los ángeles aplauden». Por fin estás preparado para dejar que algo más grande que el ego tome el control. Es entonces cuando puede comenzar la verdadera intimidad con lo Divino.

Este es el camino hacia la libertad, pero no porque todos los anhelos desaparezcan. Al contrario, los deseos se funden en preferencias y ya no te esclavizan.

Por supuesto, cuando las cosas se ponen difíciles, es natural tener preferencias. La otra noche, prefería claramente que mi gato no vomitara esa bola de pelo cuando estaba en mi cama. Igualmente prefería no perder cinco horas de escritura como me ocurrió la semana pasada cuando mi Mac se estropeó de repente.

Pero esto es así: tu interés por la verdadera ofrenda tiene prioridad sobre todo lo demás porque el alma está totalmente decidida a alcanzar la libertad. Decidida cueste lo que cueste.

Esta vía exquisita está sacada de las antiguas escrituras. ¿Y no es maravilloso saber que se puede recorrer este camino en la vida moderna y no solo hace diez siglos en la India o en Persia? ¡Dios es tan numinoso y está tan disponible como siempre!

De manera que podrías examinar tu vida ahora mismo sin juzgarte y, en lugar de eso, preguntarte: «¿Qué cualidad estoy aprendiendo? ¿Qué joya de la corona?». Lo que primero te venga a la mente es tu plan de estudios.

Por ejemplo, digamos que recientemente has perdido un trabajo al que estabas muy apegado. Podría ser una oportunidad para *ishvara pranidhana*, o rendirse a lo que hay. No tienes que aceptarlo para siempre, solo para este preciso momento. Al abrirte a la Fuente Divina, algo superior puede venir después.

Por cierto, ten cuidado de no confundir estas tres joyas de la corona con la pasividad. De hecho, traen la capacidad de actuar con mayor claridad y coraje porque ya no estás apegado al resultado.

La barista sublime

Tengo la teoría de que muchos de los seres más evolucionados del planeta no son nada conocidos. Solo son gente «corriente» que vive con alegría, dignidad y, a veces, con extraordinaria claridad. Como Carmina.

Desde hace mucho tiempo, voy a cierta cafetería y me fijo en esta camarera veinteañera. En medio del huracán matutino de pedidos, mantiene una ecuanimidad y una calma absolutas. Un día, vi cómo un cliente le gritaba porque le dio leche de soja en lugar de leche desnatada. Ella respondió con total amabilidad y serenidad. Ayer alguien más arremetió contra ella, y una vez más, puro amor. Es una princesa guerrera que baila tras el mostrador, haciendo malabares con las tazas, la canela y la espuma.

—Carmina, ¿cómo diablos haces esto? —le pregunté—. Es un trabajo durísimo. Una amiga mía lo dejó a los dos días.

Se rio.

—¡Dios, vaya si tienes razón!, pero hace cuatro años lo entendí. Prácticamente solo hay una cosa que puedes controlar, y es tu manera de reaccionar. Así que decidí convertirme en una maestra de eso. De esta forma, cada día puedo practicar. Cuanto más locos están, mejor es el entrenamiento.

Permíteme, Divino, moverme con el Fluir y responder con calma y paz. Yo soy Tuyo. Tú eres mío. Somos Uno. Todo está bien.

OFRENDA EQUIVALE A RENDICIÓN

Como ya he dicho, la rendición se confunde a menudo con la pasividad, o incluso con la desesperanza. Pero no es más que la liberación del apego: ya sea a los quinientos dólares para el pago de una cuota del coche, a la pareja sin la cual no puedes vivir o al bebé que sientes que debes tener.

Sencillamente, no es posible entregarse por completo sin renunciar. Entregas el anhelo al Amor.

En cierto sentido, estás diciendo:

> *Ayúdame a confiar en que todas mis necesidades profundas serán satisfechas. Permíteme adentrarme en este camino de libertad. Todos mis apegos, incluso los más intensos, te los entrego a Ti. Déjame confiar en que tienes un plan y las acciones correctas vendrán. Tú eres mi Fuente para todo.*

A veces una ofrenda se consuma al instante. Otras veces, tarda o no se cumple. Empiezas a confiar en el proceso.

Le dices al Amor: «Tómame y suelta mis manos. Que todo se solucione perfectamente».

A través de la ofrenda, incluso el problema más mundano puede convertirse en un sacramento.

LA BATALLA POR LA CUSTODIA

Sheila llevaba mucho tiempo inmersa en una terrible batalla legal por su hijo, era como una película de terror de la que cada vez aparecen nuevas secuelas (*La mentira, El exmarido infiel regresa: partes X, XI, XII...*). Llevaba toda la vida visualizando fervientemente que obtendría la custodia completa. Sin embargo, a pesar de sus esfuerzos, todo seguía estancado en la crispación. Había gastado cientos de miles de dólares en abogados.

Finalmente, a pesar de sentir aprensión por los resultados, comenzó a entregar en ofrenda. Después de todo, ¿qué podría ser más difícil que entregar tu propia carne y sangre? Pero por su propia cordura, empezó a decir: «Sí, es mi hijo, pero en realidad es de Dios. Te lo entrego todo a Ti por un plan divino. No puedo seguir diciéndote cómo hacerlo». Al final consiguió rezar: «Que esto ocurra para el mayor bien de todos».

Ese concepto en particular era muy importante, ya que estaba tan furiosa que no quería nada bueno para su ex. Deseaba que sufriera. A pesar de ello, dijo: «No puedo soportarlo más. Que esto ocurra de una vez por todas por el bien más elevado. Este niño es de Dios». Aunque al principio esta oración le pareció mecánica, con el tiempo la sintió de verdad.

Poco después, su ex abandonó precipitadamente el escenario, sin apenas hacer ruido. Se trasladó a su Alemania natal y dijo: «¿Sabes qué? Tú quieres de verdad quedarte con el niño, y yo en realidad nunca quise. Solo quería ganar». Consiguió la custodia total, no por aporrear al universo con sus deseos, sino por soltar de corazón las riendas.

Simplemente soltar.

ADOLESCENTE DE ALMA VIEJA

Un día, en una tienda de la calle Chestnut de San Francisco, escuché a una madre hablar por teléfono: «Sí, mañana volvemos a Los Ángeles. Pero esta noche, en la playa, haremos una última gran ceremonia y nos aseguraremos de que el universo sepa que ¡vamos en serio! Subiremos de nivel y atraeremos el pago inicial del chalet para el martes, no te preocupes. Podemos hacer que esto funcione. Y si todos vibramos en la frecuencia exacta de acuerdo con ese protocolo, lo haremos realidad. Somos poderosos. No puedo esperar».

Observé cómo su adorable hija adolescente, con una gorra de béisbol hacia atrás y el pelo corto, lanzaba un suspiro exasperado, como si llevara escuchando esa misma conversación desde que era un cigoto.

«Mamá —dijo, poniendo los ojos en blanco y sacudiendo la cabeza de forma dramática— ¿y si el universo tiene un plan totalmente diferente al tuyo?».

Me reí, y la niña me hizo un gesto de aprobación con una sonrisa pícara.

Y pensé: «Dios mío, esto es lo que pasa cuando el niño es el más viejo de la familia». Algunas almas viejas nacen con un entendimiento natural de lo que significa la entrega; pero, de todos modos, para el resto de nosotros, con el tiempo, la oración y la entrega sinceras brindan absolutamente los mismos resultados.

Solo tienes que seguir adelante.

No estás loco, te están poniendo a prueba

Derrúmbate para que surjan flores silvestres donde estás.
Has sido pétreo durante demasiados años.
Prueba algo diferente. Ríndete.
–Rumi

Una vez recibí una galleta de la fortuna que decía: «Por designio de Dios aprobarás el examen imperial». ¿Qué clase de fortuna es esa? A mi compañero de cena le tocó: «La buena suerte está en el horizonte».

Pero en este proceso de aprender a dejarse guiar por lo Divino, realmente te están poniendo a prueba. A menudo. A veces de maneras que incluso te hacen cuestionarte tu cordura. No como un castigo, sino como si el Amor te dijera: «¿De verdad comprendes esta noción espiritual o solo te parece una idea bonita?».

Hay una historia zen sobre un grupo de estudiantes que fueron enviados a construir un puente. Cuando terminaron, el maestro saltó sobre él con fuerza para ver si se derrumbaba. En numerosas ocasiones, Dios hace lo mismo.

Pone a prueba la solidez del puente antes de dejarte cruzar y seguir adelante. Cuando me ocurre esto, sé que la Divinidad se está asegurando de que no solo digo cosas bonitas. Tal vez tuve esa desconexión entre las palabras y las acciones en algunas vidas pasadas, pero esta vez, como cantaba Cheryl Lynn en los años setenta: «Tiene que ser auténtico».[*]

Ahora, a medida que has ido avanzando en los pasos de la Abundancia, puede que hayas visto que los milagros brotan por todas partes como el diente de león en verano. Tal vez la prosperidad siga surgiendo de lugares inesperados: de repente, alguien te regala un suéter increíble de tu color favorito o entradas gratis para un concierto al que

---

[*] N. del T.: «Got to Be Real».

siempre has querido asistir. Ciertamente, esa es una forma en que este camino puede desarrollarse. Pero como estás invitando al Amor a que te dirija, es posible que en su lugar surja otra experiencia.

Por ejemplo, podrías tener pérdidas temporales que pongan a prueba tu fe en el Fluir. O, quizá, a pesar de sentirte más positivo y renovado, el dinero siga pareciendo tan esquivo como siempre. Muchas personas por naturaleza se enfadan, se desaniman o se frustran cuando se las pone a prueba. Si un deseo se bloquea o un camino prometedor se tuerce, pueden incluso sentirse traicionadas. Pero todo eso se basa en la falsa premisa de que todos los deseos están destinados a cumplirse instantáneamente en cualquier momento. En cambio, desde una perspectiva espiritual, las pruebas suelen llegar para desarrollar las virtudes de *aparigraha* y *vairagya*.

Si te aplicas a los pasos, empezarás a experimentar a nivel visceral que no es tu dinero. Llegarás a saber esto en el interior de tu Ser, no como una idea espiritual elevada que podrías expresar para impresionar (o alarmar) a la gente en un cóctel.

Y una vez que esto comienza a ocurrir, ¡oh Dios mío, prepárate! Te abres a una expansividad y a una liberación de la incesante preocupación financiera que asola a la mayoría de la gente (a no ser, por supuesto, que vivan en Escandinavia). Porque, ¿sabes?, ese es el objetivo final. Así que si tus estados interno y externo no coinciden todavía, no temas. Pueden pasar muchas cosas de aquí a la parte final de este proceso, por no hablar de los meses y años siguientes.

EL SEÑUELO DIVINO

Uno de mis conceptos favoritos es el del señuelo divino, porque yo misma me dejaba llevar por él con mucha frecuencia. Esto llega a menudo para quemar los apegos y puede ocurrir con cualquier cosa: una relación, una casa, unas vacaciones... A menudo la gente se enfurece: «Muy bien, Dios, hiciste que pareciera que ese iba a ser el trabajo perfecto y luego, después de arreglarme y de presentarme a siete entrevistas a lo largo de todo el estado, finalmente me dijeron que no. ¿Por qué me engañaste? En serio, ¿dices que eres un Dios de Amor?».

Pero todo fue para aprender a soltar.

Así que si uno de estos señuelos se cruza en tu camino, no pienses que la historia ha terminado. Solo tienes que volver al Orden Divino y decir que el perfecto «lo que sea» ya está elegido y que serás guiado hacia él en el momento y la forma adecuados. En el mundo de la Fuente Divina, no puedes perder lo que es tuyo.

El señuelo es como el entrenamiento con pesas en un gimnasio local de *aparigraha*. Te envían algo seductor para ver si te aferras a ello. Cada vez que no te apegas ni te obsesionas, tus músculos del desapego se fortalecen.

Por supuesto, al principio, cuando llega una decepción para el ego, puedes pensar: «Olvídate de esto de Dios. No funciona». Pero con el tiempo, a medida que el músculo de *aparigraha* crece, dejas de caer en el señuelo. De forma natural, aprendes a mantener la recepción con las manos abiertas. Sabes que si una ruta no sirve, surgirá otra. Quieres lo que Dios quiere.

Ahora vamos a otras herramientas que son inestimables durante las pruebas. A medida que las practiques, empezarás a sentir cómo se desarrolla tu poder interior y se profundiza tu fe en el Fluir.

REZA POR EL CORAJE

Durante el curso, muchas personas me preguntaron cómo podían armarse de coraje, tal vez para salir de una mala relación que tenía ramificaciones financieras o para dejar un trabajo en el que se sentían poco valoradas o incluso maltratadas. Como este proceso consiste en dejar que el Amor te transforme, el coraje puede llegar a través de la oración y la gracia. La confianza divina florece de una manera muy distinta a la falsa bravuconería del ego. Puede tener una calma grandiosa y sobrenatural. Incluso puede ser modesta y sin pretensiones, sin alardear de sí misma. Con el tiempo, la confianza divina se convierte en tu aliado constante y el Amor la hace crecer dentro de ti como un jardín salvaje y fragante.

Te llenas de fuerza, inspiración y convicción para hacer lo que hay que hacer. Puedes usar esto (como hago yo) para algo tan pequeño como realizar una llamada telefónica difícil o tan grande como abandonar una carrera.

Reza:

Tómame y haz esto a través de mí. Si quieres que se haga, habla a través de mí, actúa a través de mí. Soy solo Tuyo.

Al hacer esto, estás pidiendo al Amor mismo que tome el timón.

Este enfoque es muy diferente al de flagelarse para motivarse. Tengo que admitir que cuando oigo a la gente decir: «¡Pórtate como un adulto y hazlo!», no puedo evitar poner una mueca de disgusto. Como ves, hay otra forma menos dura de hacer las cosas.

Trabajo a tiempo parcial, con dolores de cabeza a tiempo completo, pero tengo miedo de que no me llegue dinero de otra parte.

Además, un sentido erróneo de la lealtad me hace quedarme. Pero, en realidad, quiero sacar adelante mi nuevo negocio y hacer que progrese. Ansío poder decir simplemente: «¡Adiós!». ¿Puedes ayudarme con esto?

El primer paso es ofrendar tu trabajo actual a la Divinidad: «Si me queda algo por aprender aquí, por favor, déjalo claro. Pero si solo me aferro por miedo, entonces concédeme el valor de irme y muéstrame el momento y el camino adecuados».

He hecho oraciones similares con personas que a veces fueron capaces de dejar de fumar al día siguiente. Pero si todavía no es el momento, se te detendrá, porque la ofrenda no consiste en forzar una decisión.

Simplemente le brindas a Dios el espacio para formar parte de tu vida: «Muéstrame las acciones correctas. Si tengo que ser paciente por ahora, entonces, por favor, evita que me vaya. Pero si hace falta mucho tiempo, ¡prepárame para ello!».

A medida que fortaleces tu enraizamiento en la Fuente Divina, recuerdas que el Amor puede utilizar cualquier cosa para ayudarte. Tu trabajo actual no es tu Fuente, solo Dios. El próximo medio de ingresos correcto ya está seleccionado, y serás guiado a él.

Personalmente, he estado en situaciones en las que sentí como si Dios me hubiera agarrado por el cuello y me hubiera sacado de allí. En un par de esas ocasiones, supe que si no me hubieran sacado a la fuerza de esa manera divina, podría haberme aferrado tan obstinadamente que habría muerto allí. (¿Recuerdas las tuberías congeladas de aquel edificio en el que viví?).

Porque si tú también eres obstinado, tu ego puede mantenerte anclado en algún lugar mucho, mucho más allá de su fecha de caducidad. Puede que pienses: «Lo odio, pero es lo único que tengo». Sin embargo, cuando empieces a decir: «Solo Tú eres mi Fuente para todo», sabrás que el dinero puede venir de cualquier parte.

Por cierto, no temas recibir la respuesta: «Todavía no». Quizás se necesite más tiempo para que todo se alinee. Mientras tanto, reza para tener paciencia. Y ya que estás en ello, las oraciones para la aceptación, la confianza y la facilidad también funcionan. Aunque no soy religiosa en el sentido convencional del término, algunas partes de la Biblia me hablan profundamente. Y cuando dice «no te apoyes en tu propio entendimiento» (Proverbios 3: 5), ese es, en efecto, el quid de la ofrenda. Apóyate en el Amor como en una robusta secoya.

Con los años me he llenado de miedo y desidia. Pero durante este proceso de Abundancia, he rezado para enfrentarme a ambas cosas. Hice que un profesional me quitara los empastes de mercurio de la boca después de decir: «Te entrego en ofrenda, Divino, mi odontología de 1970». He hecho una limpieza en mi casa: «Bien, Dios, aquí hay cientos de libros que ya no necesito. Por favor, compártelos con otros como Tú desees». Incluso le pedí a mi marido que me hiciera una nueva página web para mis obras de arte. Hizo un gran trabajo sin una sola discusión. Eso ya de por sí fue un milagro. ¡Qué bendición volver a sentirse valiente!

El objetivo es, en parte, devolverte a tu propio conocimiento interior, a tu curiosidad y tu valor divinos innatos. Así, das rienda suelta a tu intuición. Te liberas de esa mentira agobiante de que tu ego ha manifestado todos los problemas y de que, por lo tanto, debes perfeccionarte para poder librarte de ellos. (¿Sientes el tremendo cansancio que provoca todo eso? Oh, Dios, yo sí lo sentí).

En cambio, te conviertes en un aliado del niño interior que aprendió todo ese perfeccionismo tóxico. Calmas la mente febril que teme que si se equivoca, vendrá lo malo. Poco a poco, el Amor toma el control.

Después de un largo invierno, el coraje Divino comienza a florecer.

Meditación del coraje

Concéntrate en tu respiración durante un momento, inspirando energía calmante y espirando cualquier preocupación o miedo. Imagina que estás en algún lugar de la naturaleza en el que te sientes maravillosamente. Podrías estar en el mar o en un bosque, o en algún otro lugar que te parezca reconfortante, con un clima que te guste. Si te gusta el sol, deja que venga. A mí me encanta el viento, así que me imagino un día ventoso.

Entonces puedes rezar a esta fuerza de Amor que lo abarca todo, incluido tú. Puedes decir: «Estoy listo. Lléname de valor divino. Lléname de confianza Divina. Dame la capacidad de actuar cuando sea el momento de intervenir, y la paciencia cuando sea el momento de esperar. Lléname de fe y confianza. Deja que estas cualidades Divinas lleguen». Incluso puedes abrir las manos al cielo y decir: «Estoy listo. Lléname de tu confianza Divina. Permite que aprenda a honrar lo que realmente necesito en lugar de la opinión de los demás. Que escuche en mi interior tu voz Divina».

Siente, por un momento, que la energía se derrama dentro de ti. Siempre ha sido tu derecho de nacimiento. Puedes rezar para que esté disponible siempre que lo necesites: «Lléname de tu valentía y confianza. Libérame de la prisión de mi pequeño yo y haz que surjan las acciones correctas en el momento adecuado».

Puede que escuches algunas palabras en tu interior mientras haces esto.

Y luego, cuando estés preparado, puedes salir lentamente de la meditación. Tómate un momento para escribir cualquier cosa que haya sucedido.

Sigue tu intuición

Una parte importante de nuestro proceso consiste en aprender a seguir el hilo de la guía interior. Puedes aplicarlo a cualquier cosa, grande o pequeña, como verás en esta historia.

Hace muchos años, estuve en un grupo espiritual que tenía un montón de dictados sobre lo que era «dhármico» y «apropiado», desde la música hasta la ropa y la comida. Muchos de nosotros nos esforzábamos cada día tratando de cumplirlos. Pero, con el tiempo, vi que pocos sabían escuchar en su interior lo que sus propias almas realmente necesitaban. Tal vez por eso ahora creo tan apasionadamente que la verdadera dirección proviene de la intuición divina que arde en nuestros propios corazones.

Una de las mil reglas del grupo era no vestir nunca de negro. Quizá una falda o un pantalón oscuro de vez en cuando estaba bien, pero nada más. Nos advirtieron ominosamente: «El negro oscurece el corazón».

Como capricornio megarresponsable que era, me deshice rápidamente de toda mi querida ropa negra (que, como antigua neoyorquina, era al menos la mitad de mi armario). Se me rompió el corazón.

Un año después, vi a un grupo de sacerdotes zen vestidos de negro en el metro de Nueva York. De repente me desperté de mi obediente sonambulismo: «Dios mío, qué ridículo, ¡me encanta el negro! Me parece protector y espiritual. ¿Todos esos sacerdotes también tienen el corazón oscuro?». Empecé a reírme de la locura de todo aquello.

> *Oh, Señor mío, despiértame de mi vida de oveja espiritual. Permite que te escuche a través de mis propios instintos y mi sentido común.*

Cuando volví a comprar unas cuantas de mis amadas camisetas y chaquetas negras extravagantes, casi canté de alivio. Esa era yo, exactamente como Dios me había concebido. Sabes cuándo tu alma es feliz. No necesitas que nadie lo corrobore.

El camino de cada individuo hacia el Señor interior es extraordinario y personal. Qué liberador es escuchar el interior y sentir momento a momento lo que se necesita. Hay en ti una singularidad salvaje e impetuosa en la que puedes confiar. Lo que es veneno para una persona puede ser la mejor de las medicinas para otra.

De hecho, tu niño interior a menudo te guiará directamente hacia lo que te da alegría.

Confía en ti.

UN MAL CONSEJO

La mayoría de los lunes, voy a una clase de yoga por la mañana temprano en Berkeley. A esa hora, suele haber mucho aparcamiento libre de los controlados por parquímetro, pero en aquella ocasión no quedaba ni uno. Quedaban kilómetros de zona amarilla, pero mientras iba a aparcar allí, algo en mi interior no dejaba de darme la lata: ¿Y si estacionar en amarillo está prohibido a partir de las ocho en lugar de a partir de las nueve como las zonas de parquímetros?».

Recé por una señal.

En ese momento, pasó un tipo con gafas y aspecto de persona responsable, así que le pregunté:

—Hola, ¿se puede aparcar en amarillo hasta las nueve?

Me contestó:

—¡Claro que sí! ¡Tiene que tener el mismo horario que la zona de parquímetros!

Así que le hice caso. Y cuando volví tenía una multa de cincuenta y nueve dólares.

Ahora bien, podría haber sido fácil picar en el señuelo divino: «¿Por qué diablos me engañaste, Dios? Te pedí ayuda y, de entre todo Berkeley, ¡me envías a este payaso!».

Pero en lugar de eso, fue perfecto. Mi propio cuerpo me había advertido: «Cuidado».

La respuesta de ese chico representaba todas las veces que me había remitido a las respuestas seguras pero a menudo desorientadas de los demás. Me recordó que tus instintos siempre te muestran el camino. Si sientes que algo está mal, normalmente lo está.

Como ya sabes, se trata del dinero de Dios, así que no hay pérdida ni ganancia mientras te entregues y no te quedes estancado. Olvidé todo el asunto. A la semana siguiente, llegó un cheque por los libros que había vendido dos años antes: sesenta dólares.

NO MÁS DE LO QUE PUEDES MANEJAR

A veces, lo que nos espera es tan desalentador que la mente no es capaz de prepararse ni de comprenderlo. Pero a menudo la propia mente es lo que nos confunde, y no la mejor guía.

En cambio, a medida que te entregas, respiración a respiración y momento a momento, el cuerpo mismo muestra la siguiente acción correcta. El tirón interior, o *spanda*, siempre está ahí, impulsado por los instintos; te sientes empujado a empezar o a parar, a ir aquí o allá. No obstante, para seguirla, debes permanecer en el presente y no adelantarte demasiado al Fluir. Si no te precipitas, empiezas a confiar en que no vendrá nada más de lo que puedas manejar en cada momento.

Y si es necesario, la Gracia hará el resto de forma secreta y milagrosa.

Atención a las señales

Parte de la forma lúdica en que la Divinidad interactúa con nosotros es a través de señales y presagios. Empezar a prestar atención suele ser muy divertido. Mantente atento a las pistas que te indican que estás en el camino correcto. Normalmente, si te desvías del rumbo, se te mostrará cómo encontrar el camino de vuelta.

PÁJAROS Y RAMITAS

En *El juego de la vida y cómo jugarlo*, Florence Scovel Shinn escribe sobre cómo Colón, antes de llegar a América, vio pájaros y ramitas, que indicaban que la tierra se encontraba cerca. Ella comenta que es lo mismo cuando se lanza un problema a la Divinidad. Una primera señal viene a aclarar que tu oración ha sido escuchada, pero es fácil confundirla con su cumplimiento.

Florence utiliza el ejemplo de una mujer que necesitaba una vajilla y entrego su anhelo en ofrenda. Poco después, una amiga le regaló una vajilla vieja y agrietada. La mujer se quejó de que aquello no era lo que había pedido.

Pero para Florence, todo esto era perfecto. Los platos rotos eran un presagio del bien venidero de esa mujer.

EL RASTRO DE LAS MIGAS DE PAN

Yasmeena trabajaba en el departamento de diseño de una empresa, pero soñaba cada día con volver a sus raíces como artista. Como tenía unos ahorros mínimos, no quería dejarlo impulsivamente para luego arrepentirse de la decisión. Lo entregó todo y rezó por una señal.

Un día estaba en un mercadillo agrícola cuando alguien le dijo: «He oído que pintas retratos. ¿Tienes tiempo?». Como solo unos pocos amigos conocían su talento, Yasmeena se quedó boquiabierta. Este fue su empujón: «Deja que tu negocio de pintura se desarrolle».

A partir de esa única petición, se sintió impulsada a crear un sitio web y a publicar sus obras en Instagram. De hecho, la mujer del mercado acabó convirtiéndose en su hada madrina y le recomendó a muchos otros. Finalmente, Yasmeena pudo reducir su horario en la empresa y trabajar a tiempo parcial. Sintió como si la Divinidad le dijera: «Relájate y quédate donde estás por ahora, y una vez que acumules más trabajo propio, sentirás cuándo debes dejarlo por completo». Un año después, lo hizo.

La Divinidad mostrará los detalles, pero solo cuando dejes de aferrarte a tu trabajo actual como tu Fuente.

> *Esto es ahora Tuyo. Acláralo. Si mi destino es marcharme, dame el valor y muéstrame el camino.*

ARMA SECRETA

Yushiko era una abogada litigante de primera, famosa por ser capaz de ganar incluso los casos más difíciles. Pero uno de ellos se había alargado eternamente, y no importaba lo que hiciera, no tenía suerte.

Se sentía totalmente derrotada.

Una noche, al límite de sus fuerzas, se puso a rezar. Y déjame decirte que no era una chica que acostumbrara a hacerlo, sino más bien una Mujer Maravilla hecha a sí misma. Pero le quedaban dos días para el juicio, así que no tenía nada que perder.

De repente, sin ninguna razón aparente, Yushiko sintió el impulso de sacar uno de los muchos y enormes tomos de derecho de su estantería. Entonces cerró los ojos, abrió el libro y dejó caer el dedo.

Cuando miró hacia donde señalaba, se echó a llorar. Había ido directamente al único argumento que se le había escurrido durante cuatro años.

Y sí, Yushiko ganó el caso. A lo grande.

Rezar, arrojar la carga y entregarse es como tener acceso a verdaderos superpoderes. ¿Por qué diablos no ibas a usarlos?

PIDE AYUDA

A veces es necesario orar para pedir ayuda, aunque es fácil olvidarlo.

Un día, estaba en la I-880 pasando por Oakland cuando acabé detrás de un coche que estaba detenido. Incluso con el brazo extendido, nadie me dejaba cambiar de carril. Intenté no dejarme llevar por el pánico mientras el tráfico pasaba a toda velocidad.

Finalmente, me acordé de pedir: «Por favor, por favor, envía a alguien para liberarme».

Un momento después, un camionero redujo la velocidad, encendió las luces y me hizo una señal.

¡Tan solo tenía que pedirlo! Pero no te sientas mal si te olvidas. A mí me costó diez minutos recordarlo.

> *Permíteme, Divino, aceptar siempre la ayuda adecuada. Agradezco Tu ayuda en todos los sentidos y me deleito en recibirla.*

HONRA EL RELOJ CÓSMICO

A menudo, nos sentimos como si nos pusieran a prueba cuando no conseguimos algo en el espacio de tiempo que desea el ego.

Durante treinta años, hice sesiones de asesoramiento con clientes de todo el mundo. Con el tiempo, empecé a sentirme bastante confinada y anhelaba escribir y enseñar como lo hago ahora.

Sin embargo, esto es lo curioso: al universo no parecía importarle que mi pequeño yo anduviera brincando por un cambio. No importaba lo que intentara, durante cinco años más me quedé atascada en esa ocupación como si me hubieran atado a ella. Anuncié clases que nunca se llenaban y programas que eran totalmente ignorados por mis clientes. Simplemente, aún no era el momento. Esos últimos años fueron como arrastrarme por la arena caliente mientras los escorpiones me mordisqueaban los dedos de los pies.

Cuando finalmente se me «permitió» dejarlo, vi que me habían preparado sistemáticamente para un punto de inflexión importante. Pero el deseo de dejarlo surgió años antes de que estuviera completamente preparada. Cuando terminó ese agonizante proceso de rendición, mi trabajo pertenecía por fin a Dios. Podía vivir lo que enseñaba. Quiero decir, ¿cómo puedes enseñar a soltar cuando tú mismo no eres capaz de hacerlo?

Una vez que llegó el momento, Ella abrió las puertas de par en par. *Ábrete a lo inesperado* comenzó a venderse con rapidez y la gente empezó a querer los cursos que antes había descartado alegremente. El semáforo había pasado de rojo a verde. ¡Había llegado la hora de la verdad!

Digamos que deseas pasar de un trabajo concreto a tu propio negocio. Encárgaselo al Amor: «Tú conoces el momento. Tú conoces el camino». Ahora, tal vez el cambio llegue de manera natural antes de lo que habías imaginado. Sin embargo, es posible que te sientas retenido durante un tiempo, como me ocurrió a mí. Es posible que te mueras de ganas mientras se lleva a cabo una preparación invisible pero esencial.

Si solo ves el tiempo desde una mentalidad basada en la ley de la atracción del ego, podrías pensar: «Sigo visualizándolo… Sigo machacando al universo. Sigo diciendo lo que quiero, pero las malditas puertas no se abren. Seguramente necesito más *coaching*».

Pero un nacimiento espiritual divinamente oportuno es muy diferente. Entregas en ofrenda toda la situación: «Tú conoces mis talentos. Tú conoces mis habilidades. Anhelo ser útil. Si Tú quieres que este cambio llegue, por favor muéstrame los primeros pasos».

Esto no es ser pasivo ni limitarse a desear y a esperar lo mejor. En realidad es bastante concreto. Tú arrojas la carga y pides que te muestren el camino. Si no llega ninguna indicación, ni externa ni a través de la *spanda* interior, entonces puede que estés en ese tanque de retención divino, preparándote. Pero no temas, cuando sea el momento de actuar, ¡lo harás! A veces incluso estás descansando para la nueva etapa, porque una vez que llegue, irás a tope.

Especialmente esos dos últimos años de hacer sesiones, me sentía profunda, absoluta y aplastantemente acabada, pero el universo sabía que no debía abrir la puerta. Cuando llegó el momento, los grandes cambios se produjeron casi de la noche a la mañana.

E incluso si el cambio tarda un poco, eso no significa que estés haciendo nada mal.

Simplemente, sigue entregándote.

Deja que se hornee el pastel

En este estado mental, las decisiones se toman solas cuando llega el momento adecuado.

En caso de duda, a veces lo mejor que puedes hacer es quedarte exactamente como estás, aunque estés completamente confuso.

En ocasiones te están protegiendo de lo que aún no necesitas. La situación se está horneando.

Si encuentras un obstáculo tras otro, simplemente deja que todo se hornee un poco más. Lo que ahora parece un fastidio más tarde podría ser muy agradable como pastel... y, de todos modos, ¿de verdad quieres comerte una masa amorfa pringosa?

Más tarde, estará delicioso. Porque. Estará. Listo.

SER EL CAMINO ABUNDANTE

No necesitas conocer el Camino.
El Camino conoce el Camino.
–Anónimo

Al igual que las plantas en un jardín, cada persona florece a un ritmo diferente. Es posible que dentro de tres o seis meses notes: «¡Vaya! Ya no me preocupa el dinero a cada momento. De alguna manera, estoy confiando en que lo que tiene que venir, vendrá. No tengo miedo de ser generoso. Ya no me castigo por los fallos que cometí».

A medida que continúes haciendo los cinco pasos durante esta última semana y luego durante el tiempo que necesites —puedes continuar diariamente o bien reanudar cuando se te antoje—, los viejos patrones seguirán derritiéndose. Es como sacar cubitos de hielo de una de esas antiguas bandejas de plástico. Cuando la sacas del congelador por primera vez, tienes que esforzarte mucho, apretando la bandeja a la derecha y a la izquierda, hacia arriba y hacia abajo. Puede que consigas sacar un solo cubito, pero a medida que sigues apretando y el hielo se derrite un poco, salen muchos a la vez.

Estos pasos son similares. Con el tiempo y la práctica, los patrones comienzan a liberarse más fácilmente, lo cual no se debe a que te esfuerces más, sino a que por fin permites que la Divinidad se encargue de todo. Se vuelve natural aceptar el Fluir. Puedes ver que las finanzas cambian drásticamente y que las oportunidades surgen de los lugares más sorprendentes. El camino no siempre es recto, sencillo o sin obstáculos, pero cuanto más ofrendas hagas, más te mantendrás anclado en la Fuente.

La ofrenda es la verdadera base. Es lo contrario de todo lo que nos enseñan, y requiere práctica. Y para que sea auténtico, simplemente es necesario el desapego al resultado.

¡Tan poco tiempo, tanto que recibir!

Tal vez, por primera vez en tu vida, veas que tus finanzas cambian drásticamente, o simplemente notes que tu capacidad de recibir se está expandiendo como por arte de magia. Me encanta lo detallada que es la lista de esta mujer, porque en el mundo de la Divinidad, nada es trivial. Cualquier acontecimiento puede ser un presagio del desarrollo de tu bien.

Como resultado de ofrendar, escuchar el curso y rezar la oración de la abundancia diariamente han aparecido en mi vida un sinfín de regalos maravillosos. Llegan tan rápido y con tanta frecuencia que resulta divertido y sorprendente enumerarlos:

- *Encontré veinte dólares en el bolsillo de un viejo abrigo que parecía rogarme que me lo pusiera.*
- *Otros veinte dólares de alguien que me dijo que los había dejado sin querer en mi regalo de Navidad.*
- *Mensajes pertinentes de audiolibros y anuncios que llegaron en el momento en que me entregué.*
- *Días de nieve precisamente cuando necesitaba ponerme al día con el trabajo.*
- *Alguien que no tenía ni idea de cierta enfermedad que tengo me entregó un libro con todos los remedios necesarios.*
- *Y lo más sorprendente, ya no me siento culpable por haber sacado de mi vida a una serie de vampiros psíquicos.*

Podría seguir, pero son demasiados para continuar. Estoy disfrutando mucho; lo encuentro mejor que cualquier entretenimiento.

Las respuestas y las soluciones aparecen constantemente, e incluso la falta de respuesta parece también una; simplemente «todavía no» o «no es necesaria». Apenas puedo recordar cómo solía tropezar en la oscuridad, tan confusa, pero sin contar nunca con Dios.

«MI» MUERDE EL POLVO

Se puede entender la rendición a un nivel intelectual, como la segunda etapa de la ofrenda durante la sexta semana. En ese caso, no es más que una buena idea. Recuerdo haber leído innumerables libros espirituales que decían que uno debía dejar ir las cosas. Y yo pensaba: «¿En serio? ¿Cómo? Eso no se puede fingir. Cuando tu ego quiere algo desesperadamente, ¿cómo lo haces?». Una de las formas más eficaces es la de soltar el «mi», ya que esto te eleva inmediatamente hasta la tercera etapa de la ofrenda.

Numerosos escritos espirituales hablan del soltar, pero, sinceramente, hasta que hice este trabajo no entendía cómo se lleva a cabo. Solo sabía que no podía seguir complicándome tanto la vida.

A los cuarenta años, por fin encontré mi propósito de explicar a los educadores los traumas de los alumnos. Sin embargo, aunque yo misma había sido profesora durante catorce años, no podía llegar a los responsables de las escuelas para que me contrataran. Tú me ayudaste a ver que «mi» taller tenía que ser en realidad el de la Divinidad.

Así que le devolví todo a Ella, y dije que anhelaba servir. Poco después, encontré el vídeo perfecto sobre el taller. Lo compartí en Facebook, y en dos horas, una amiga con la que no había hablado en quince años me escribió. Es una directora que estaba buscando a alguien para hablar de este mismo tema. Para mí, tratar de convencer a la gente era una tortura. En cambio esto me pareció muy sencillo y correcto.

Algunos *coaches* empresariales aconsejan: «Tienes que salir y venderte a ti mismo. Llama sin cita previa a cien personas al día. No seas perezoso». Escuchas cómo debes hacer esto o aquello, y piensas: «¿Te puedo decir algo sobre eso? Porque, mira, para ser sincero, preferiría tirarme por un puente». A mucha gente, este enfoque agresivo le resulta traumático e inútil. Es solo otra manera de seguir cargando con el peso de la acción.

Hay una alternativa que consiste en entregar en ofrenda el proyecto a la Divinidad. Te desenredas de «mis elevadas metas y aspiraciones». Te adornas con las joyas de la corona de *aparigraha*, *vairagya* e *ishvara pranidhana*. Dices: «Bien, Dios, si quieres que esto ocurra, despeja el camino. Deja que las conexiones lleguen. Permite que todos los que me necesitan me encuentren».

En el momento adecuado, comienza la espléndida marcha de las sincronicidades.

Y aquí nos encontramos con uno de los mayores deleites y milagros de esta ruta. Cuando empiezas a dar en nombre de Dios, tus propias necesidades se ven satisfechas también. Tú sirves a la vida, y ella te devuelve el servicio. Por supuesto, esto no significa que nunca tengas dificultades, sino que se te provee de formas cada vez más sorprendentes y benéficas. Estás en la nómina de la Divinidad.

El concepto de «estar en la nómina de Dios» ha sido más reconfortante para mí de lo que podría haber imaginado. Qué cambio de paradigma tan acertado. Por fin entiendo que te conviertes en el administrador de los fondos divinos. Distribuyes Su dinero cuando pagas las facturas o das a otros. ¡Esto es fantástico!

Ahora bien, tal vez algunos estéis pensando: «Ya casi he terminado este libro y, la verdad, todavía no sé si esta Fuente Divina existe. Una parte de mí sigue pensando que todo esto huele a pensamiento mágico y a superchería californiana». Pues bien, quiero decirte que lo comprendo. Esa es la parte condicionada habitual. (Y en realidad, mis propias raíces judías de la Costa Este hacen que sienta un afecto especial por los cínicos ofuscados). No obstante, mi sugerencia sigue siendo esta. A modo de experimento, ve más allá del lugar donde la mente quiere mantenerte atrapado.

Vuelve a soltar.

No tienes absolutamente nada que perder.

DEJARSE LLEVAR POR LA CORRIENTE

Parte de estar en el camino de la abundancia (o, para ser más precisos, de convertirse uno mismo en ese camino) es la observación. Prestar atención. Moverse con el Fluir de un punto a otro. Como sabes, con tu invitación, Dios puede utilizar cualquier cosa o persona para ayudarte. A veces la gente te hace favores sin saber siquiera por qué.

Cuando lo aceptas, Dios se encarga de todo.

Hacía tiempo que necesitaba un nuevo iPhone, pero no me había decidido a comprarlo. Entonces, una mañana, mientras esperaba el ferri a San Francisco, se me cayó el móvil y la pantalla se hizo añicos.

Me sentí muy aliviada porque ahora, por fin, tenía que comprar uno nuevo.

Me dirigí a AT&T. Pero cuando fui a pagar, el vendedor, que hasta entonces había sido muy amable, estalló de repente: «¡No! Acabo de decidir que no puedo vendérselo. No puedo explicar por qué, pero debe ir a Apple. Confíe en mí». Parecía tan desconcertado como yo acerca de por qué me estaba diciendo eso.

A ver, lo lógico hubiera sido indignarse, discutir, lo que sea. Pero ¿para qué molestarse?

Así que fui a Apple, y justo cuando estaba a punto de pagar cuatrocientos dólares, una vendedora vino corriendo. Me susurró fervientemente al oído: «¡Chica, podrían despedirme por esto, pero ni se te ocurra comprar este móvil aquí! Tienen el mismo modelo a la venta en Best Buy por ciento cuarenta y nueve dólares. ¿Me oyes?».

La abracé y me dirigí a Best Buy. ¡Bravo, Fuente Divina! Me has traído un teléfono nuevo por doscientos cincuenta dólares menos de lo que tenía previsto.

LIGERO DE EQUIPAJE

Todo este viaje consiste en aligerarse. Aligerar la carga emocional que llevas del pasado, el desorden de tu casa y tu colección personal de resentimientos y venganzas. De hecho, estás liberando cualquier cosa que haya bloqueado el Fluir.

Una vez estaba haciendo las maletas para un viaje a Guanajuato y San Miguel de Allende, dos de mis ciudades favoritas, situadas en las montañas de México. Aunque no soy de las que cargan con dos secadores de pelo y seis pares de zapatos, llevaba una maleta de tamaño normal con suficiente ropa para días cálidos, noches frías y lluvia. Ah, y unos cuantos libros.

Pues bien, diez minutos antes de mi viaje, tiré de la cremallera hasta cerrarla por completo, y se rompió en pedazos. Se acabó.

Hubo un minuto inevitable de «¿me estás vacilando? ¡No hay tiempo para volver a hacer el equipaje!». Pero luego, como cuantas más ofrendas haces más rápido reaccionas, apenas perdí tiempo en resistirme. Le entregué todo aquel desbarajuste al Amor. Mientras respiraba hondo, un nuevo pensamiento surgió en el horizonte: «¡Esta maleta no! Utiliza la pequeñita».

Así que agarré mi equipaje de mano, aunque iba a estar viajando durante dos semanas. Sin tiempo para reflexionar, pedí a Dios que se hiciera cargo de mi cuerpo y mostrara lo que debía llevar. Mi cerebro se calmó mientras mis manos buscaban entre las cosas y tan solo elegían algunas. Suéter, traje de baño, equipo de yoga…, un artículo tras otro fue arrojado a la bolsa. Nada de libros. El ordenador volvió a estar debajo de la cama.

En el momento en que terminé, mi teléfono sonó. ¡El viaje! Pero esto es lo interesante. Primero, volé de San Francisco a Los Ángeles para tomar el tramo a México. Y como hay un Dictado Divino Eterno de que todos los vuelos al aeropuerto de Los Ángeles deben dar vueltas por lo menos veinte minutos antes de aterrizar y luego rodar por la pista durante otros veinte mientras te preguntas por qué diablos no hay una maldita puerta de embarque, llegamos muy tarde. Solo tenía unos minutos para correr a la siguiente terminal para México, rodando el equipaje de mano como una niña feliz. Me pregunté si las maletas facturadas de la gente llegarían a tiempo.

No fue así.

Muchas horas después, me dejaron en el centro de la bulliciosa Guanajuato, donde no había estado en años. Había planeado alojarme en un hotel que por Internet parecía una casa increíble en un árbol. Cuando le pregunté a alguien cómo encontrarlo, me señaló una colina de casas de colores y me dijo: «¡Ten cuidado! Trescientos escalones».

Tres. Cientos. Escalones.

Sin problemas. Con la maleta de mano mágica, esto fue solo un entrenamiento matutino. Pero me estremecí al pensar lo que habría ocurrido si hubiera arrastrado la otra maleta.

A lo largo del viaje, no dejé de maravillarme de cómo la Divinidad había insistido en que no cargara con un equipaje pesado. Ella sabía de antemano todo lo que se necesitaba, y era mucho menos de lo que me imaginaba.

Orden divino

A estas alturas ya sabes que el Orden Divino no supone ni una búsqueda obsesiva ni una pasividad acomodaticia. Te alineas con el resultado más elevado y te dejas guiar por las acciones correctas en el momento adecuado. Y a veces con un problema específico, la ruta correcta es simplemente esperar. Sabrás cuándo se abre una puerta. Si confías en que todas las necesidades serán atendidas, nunca tendrás que convencer a nadie, hacer que cambie de opinión o demostrar tu valía. Las situaciones y las personas que están en armonía energética contigo ya lo saben instintivamente y llegan en el momento adecuado.

¿Orden divino? Espera, un momento. ¿Quieres decir que lo Divino está intrínsecamente organizado de una manera exquisita? ¿Que, en realidad, no se trata de un Desorden Divino que he de barrer hasta el final de los tiempos? ¿Que el caos emocional que atribuí a la Creación es solo una pequeña proyección basada entre otras cosas en el caos emocional de no estar unida a mis padres? ¿Que si yo sé que algo es hermoso y bueno, entonces Dios también lo sabe, y con un conocimiento imbuido de más amor y perfección de lo que soy capaz de concebir?

Tal vez esto podría funcionar. Podría invocar ese patrón ideal que sé que existe y confiar en que pertenece al Amor como parte del Orden Divino. Quizás esta sea una relación más cálida de lo que jamás había soñado. Oh, por favor, ¡que sea verdad!

GLORIOSAMENTE GUIADOS POR EL AMOR

Es posible que tú mismo lo hayas notado. Después de realizar estas prácticas durante un tiempo, desaparece el apego a los sombríos manuales de reglas sobre cómo ser espiritual. Sientes este poder extravagante de la gracia y la inteligencia esperando para comprometerse contigo cada vez más profundamente, a veces de las maneras más inesperadas.

> *Para mí, le has devuelto la diversión al conocimiento de lo Divino. Ahora recuerdo a Dios en todo momento, el que conocí cuando era niña. Recuerdo estar presente con este Amor, con la certeza de mi seguridad y de mi lugar en el mundo. Ahora ese sentimiento ha vuelto, y es sorprendente, familiar y tan conmovedor que no hay palabras para expresarlo.*
>
> *Gracias por enseñarme a soltar. Hay un gran poder en la entrega. En el momento en que le entrego en ofrenda todo a Dios, me invade una dulce sensación de alivio, independientemente de que «la respuesta» llegue rápida o lentamente.*
>
> *Gracias por mi nueva capacidad de dejar que las respuestas vengan como quieran. Y por contar historias sobre la manera divertida en que se desarrollan las cosas... con Dios. Esto me permite avanzar con facilidad y gracia en los momentos difíciles.*
>
> *Por último, gracias por recordarme que cada día no es solo una conversación con Dios, es una aventura amorosa. Me siento locamente enamorada de Él. Y mientras amo, soy gloriosamente guiada, protegida y transportada a través de los días. Todo lo que tengo que hacer es invitar y abrir, lo cual es más fácil cada día.*
>
> *Como estaba tan preparada para aprender todo esto, apareció tu trabajo.*

De modo que aquí va una oración para abrirse a este Amor.

> *Querido Señor, ayúdame a confiar en que hay un Plan mucho más allá de lo que puedo ver a través del velo de mis miedos e ilusiones. Permíteme moverme en armonía con Tu Fluir, sabiendo que en cada momento todas mis necesidades serán satisfechas y solo Tú me guiarás. Lléname de Tu generoso y exuberante Amor. Yo soy tuyo, Tú eres mío, somos Uno. Todo está bien.*

UNA DECISIÓN DE ÚLTIMA HORA

Tengo una última historia que contarte. Hace unos años, me encontraba en casa de una amiga que estaba al borde de la muerte. Llevaba muchos meses deteriorándose lentamente a causa de un cáncer de colon, y todos sus amigos y familiares se habían reunido a su alrededor.

Era una mujer que había tenido mucho éxito según los criterios habituales de nuestra cultura. Tenía dos hijos a los que amaba profundamente. Se había ganado la vida como reconocida diseñadora de vestuario e incluso ganó un par de Globos de Oro por su trabajo. Era propietaria de una acogedora casa en Marin County, una de las zonas más bonitas de California, llena de tesoros exóticos de sus viajes por todo el mundo. Había tenido una existencia que muchos podrían envidiar.

Pues bien, si alguna vez has estado junto a un lecho de muerte, sabes que la gente puede alcanzar una claridad asombrosa cuando se prepara para cruzar al otro lado. Eso es lo que ocurrió aquí. Una especie de lucidez sobrenatural parecía invadir a esta mujer y, mientras hablaba, supe que estaba escuchando un mensaje que llevaría conmigo hasta mi último aliento.

Con voz vacilante y melancólica, dijo:

—Solo tengo un gran pesar: no haber dedicado mi vida a algo más allá de mis deseos cotidianos. Tuve dos grandes hijos y muchas oportunidades de ser creativa. Pero a cada paso del camino, solo hice lo que creía que me haría feliz. Ni una sola vez le pregunté a lo Divino: «¿Cómo puedo servirte? Quiero decir, ¿cómo puedo, de verdad, servirte, Dios? ¿Quién sabe lo que habría pasado si lo hubiera hecho?

La piel de su rostro estaba tan pálida y demacrada que era casi transparente. Su hijo, que estaba sentado en la cama tomándola de la mano, le susurró de inmediato:

—¡Mamá, no es demasiado tarde! Si quieres pedirlo, aún puedes.

Ella le sonrió durante un buen rato y cerró los ojos.

La paz y la ligereza tangibles que invadieron la habitación cuando se marchó me convencieron de que, al final, lo había hecho. Y quién sabe cómo eso puede haber afectado a, bueno…, a absolutamente todo.

Meditación final

Concéntrate en tu respiración durante unos instantes, inspirando energía tranquilizadora y expulsando cualquier preocupación o miedo. A medida que respiras, siente que te relajas en un lugar profundo y tranquilo en tu interior, un lugar que siempre ha estado esperando tu regreso.

Mientras descansas allí, imagina una vez más que entregas en ofrenda todas tus finanzas a este Amor radiante. Puedes girar tus manos hacia el cielo y ver todo, cada preocupación, cada carga, cada factura, entregada de nuevo al Amor. Puedes decir: «Tú conoces todas mis necesidades y ahora, finalmente, todo es tuyo. Deja que el bien más elevado ocurra en todos los sentidos».

Siente la paz y la liberación que eso conlleva.

Pero da un paso más. Imagina que, ahora que el dinero ha sido entregado completamente, algo más quiere ser ofrendado también.

Todo tu Ser. Y estás preparado.

Sientes que esta Fuerza de Amor que todo lo sabe te ha estado esperando. Ahora acepta plenamente y se regocija en tu ofrenda sagrada. De ti mismo. De todo tu Ser. Sin ninguna necesidad de ser más merecedor.

Sin necesidad de mejorar. Siempre has sido digno de pertenecer al Amor.

De hecho, tú eres el Amor mismo. El Amor te pertenece ahora.

Relájate y siente esto durante unos minutos. Luego abre los ojos.

Recursos para Profundizar

Este acto de dejar que la Divinidad tome la iniciativa requiere práctica y compromiso hasta que adquiere vida propia. Así que aquí tienes algunos recursos que pueden apoyarte durante este proceso. Los primeros están disponibles en mi sitio web: ToshaSilver.com.

Recursos de mi trabajo

Living Outrageous Openness Forum. Esta comunidad virtual comenzó en 2015 para ayudar de manera práctica a la gente a dejar que la Divinidad tome la iniciativa. Incluye llamadas semanales conmigo y un grupo privado en Facebook formado por miembros de todo el mundo.

Clases. Hay varias clases en el sitio web que ofrecen amplia información adicional sobre los temas de este libro:

- Tanto Desarrollo Psíquico como Desarrollo Psíquico 2.0 (para ayudar con los cordones y los chakras).
- Cambiar los deseos por preferencias.
- Equilibrio entre dar y recibir.
- La ofrenda: la clave de la alegría.
- Invitar al poder interior de Kali.

Oración de cambio de la abundancia completa. Si te gusta usar esta oración, puedes conseguirla fácilmente en mi sitio web. Hay una versión gratuita (en inglés) para descargar y también una hermosa versión de alta resolución para comprar que se puede enmarcar.

Redes sociales. Asimismo, puedes encontrarme casi a diario en Instagram o en mi página de autor de Facebook. Me encanta compartir ejemplos de las formas increíbles en que la Divinidad intercede constantemente cuando por fin empezamos a prestar atención. ¡Acompáñame!

OTROS RECURSOS

Hay algunos buenos recursos si quieres profundizar en las raíces de las hermosas y antiguas prácticas espirituales de la ofrenda y la entrega.

- Los *Yoga Sutras* de Patanjali.
- El *Bhagavad Gita*.
- Cualquier poema de Rumi y Hafiz.
- *El juego de la vida y cómo jugarlo*, de Florence Scovel Shinn.

AGRADECIMIENTOS

Uno de mis dichos favoritos es que si Dios quiere que hagas algo, te dará la fuerza para hacerlo o te brindará la ayuda adecuada. Supongo que en este caso, Ella hizo ambas cosas. Mucha gente me ha sacado las castañas del fuego durante el largo proceso de creación de este libro, y pido disculpas por adelantado si me he olvidado de alguien. En primer lugar, mi buen amigo y mánager, Matt Klein, me trató con paciencia, amabilidad y humor cada día de este viaje.

Stephanie Tade, mi asombrosa agente literaria y guerrera budista, también fue (y es) una amiga y un apoyo increíble. Una reverencia para ella por escuchar con atención compasiva cada vez que tenía un ataque o dos, y por hacer que la magia ocurra.

Gracias a Patty Gift y a Lisa Cheng por su atenta y valerosa gestión de este complejo proceso. Gracias, Anne Barthel, por llegar a última hora para llevarnos victoriosamente a la meta con elocuencia y elegancia.

Melissa Lowenstein, la editora inicial que supo transformar brillantemente las transcripciones del curso original en documentos manejables, fue inestimable.

Kelly Malone (también conocida como la Reina Portuguesa del Baile) fue la segunda editora que afinó toda la obra para dejarla lista para su presentación. Sin su entusiasmo y humor arianos, junto con su notable habilidad para dar siempre con la palabra adecuada en el momento oportuno, nunca habría podido terminarlo. Se ha convertido en una de mis amigas más queridas.

La doctora Christiane Northrup ha sido mi animadora y aliada mediante mensajes de texto desde el principio. La aprecio con todo mi corazón.

Natalie Haggerty, mi compañera de escritura Serpiente Reina, hizo meses y meses de sesiones de estudio por FaceTime conmigo. Sinceramente, no sé qué habría hecho sin ella.

David Lane siguió siendo una fuente de inspiración y ayuda fantástica, como lo fue para todos mis libros anteriores.

Bodi Regan, Hanna Weare, Sarah Buscho y Sarah Drew han sido para mí enormes y fieles amigas desde siempre. Gracias.

También están todos esos benditos sanadores que llegaron para devolverme la salud cuando sufrí graves lesiones en ambas rodillas justo en medio de todo esto: Kerry Haworth, Matthew Graham, Andy Lesko y Rodney McBride.

Y gracias a los cientos de almas hermosas que se inscribieron en el curso inicial por Internet de *It's not Your*

Money.[*] Vuestro entusiasta estímulo ayudó a hacer de esto un libro.

Por último, un profundo agradecimiento a Shaun Herman Merkord... simplemente porque sí.

---

[*] N. de la E.: El nombre del curso –cuya traducción es 'No es tu dinero'– coincide con el título de este libro en su versión original en inglés.

Sobre la autora

Tosha Silver es licenciada en Literatura Inglesa en Yale, pero por el camino se enamoró perdidamente de la filosofía del yoga. Durante los últimos treinta años ha enseñado a clientes de todo el mundo formas de alinearse con el Amor Interior. Es autora de *Ábrete a lo inesperado*, *Change Me Prayers* y *Make Me Your Own*. Vive cerca de San Francisco, donde dirige una escuela *online* llamada Living Outrageous Openness, que ofrece apoyo continuo a quienes siguen estas hermosas y ancestrales prácticas. Puedes encontrar más información en ToshaSilver.com.

A Tosha le gusta especialmente encontrar formas frescas y divertidas de abrazar lo Divino evitando a toda costa la jerga convencional y los clichés. Le encanta mostrar cómo lo sagrado y lo mundano son realmente Uno. El Amor mismo comienza a liderar cuando se lo invita sinceramente, sea quien sea quien lo haga.

El universo es una fiesta Divina. ¡Únete a ella!